AUTORES:

Gustavo Vegas Haro
Rubén Cipriano Romero Rodríguez
José Pino Ortega

METODOLOGÍA DE ENSEÑANZA EN EL FÚTBOL BASADA EN LA IMPLICACIÓN COGNITIVA DEL JUGADOR

Título: METODOLOGÍA DE ENSEÑANZA EN EL FÚTBOL BASADA EN LA
             IMPLICACIÓN COGNITIVA DEL JUGADOR

Autores: GUSTAVO VEGAS HARO, RUBÉN CIPRIANO ROMERO RODRÍGUEZ Y JOSÉ
             PINO ORTEGA

Fotografía de portada: José Luis Rúa Nácher

Editorial: WANCEULEN EDITORIAL DEPORTIVA, S.L.
             C/ Cristo del Desamparo y Abandono, 56   41006 SEVILLA
             Tlfs 954656661   y   954921511 - Fax: 954921059

ISBN: 978-84-9823-984-3

Dep. Legal:
©Copyright: WANCEULEN EDITORIAL DEPORTIVA, S.L.
Primera Edición: Año 2012
Impreso en España: Publidisa

Reservados todos los derechos. Queda prohibido reproducir, almacenar en sistemas de recuperación de la información y transmitir parte alguna de esta publicación, cualquiera que sea el medio empleado (electrónico, mecánico, fotocopia, impresión, grabación, etc), sin el permiso de los titulares de los derechos de propiedad intelectual. Cualquier forma de reproducción, distribución, comunicación pública o transformación de esta obra solo puede ser realizada con la autorización de sus titulares, salvo excepción prevista por la ley. Diríjase a CEDRO (Centro Español de Derechos Reprográficos, www.cedro.org) si necesita fotocopiar o escanear algún fragmento de esta obra.

ÍNDICE

INTRODUCCIÓN 7

CAPÍTULO I. EL FÚTBOL BASE 11

    1.1. Introducción 13
    1.2. El fútbol y su adaptación al desarrollo del jugador 23
    1.3. Fases en la iniciación deportiva al fútbol 28
    1.4. El entrenador en el fútbol base 47

CAPÍTULO II. ANÁLISIS DEL FÚTBOL COMO DEPORTE DE EQUIPO 57

    2.1. Introducción 59
    2.2. Aproximación al concepto de deporte 59
    2.3. Clasificación y definición del fútbol como deporte de equipo 63
    2.4. Análisis estructural del fútbol 68
        2.4.1. El reglamento de juego 70
        2.4.2. El espacio de juego 72
        2.4.3. El tiempo 73
        2.4.4. Los participantes y su comunicación estableciendo una relación de cooperación/oposición 76
        2.4.5. El factor técnico-táctico 77
    2.5. Análisis funcional del fútbol 80
    2.6. La organización compleja del fútbol 89
    2.7. Las habilidades motrices en el fútbol 92

CAPÍTULO III. LOS PROCESOS COGNITIVOS EN EL FÚTBOL 95

    3.1. Introducción 97
    3.2. Tipos de conocimiento en el fútbol 105
    3.3. Implicación y motivación en el aprendizaje en el fútbol 110
    3.4. Procesamiento de la información y toma de decisión en el deporte 114

CAPÍTULO IV. METODOLOGÍA DE APRENDIZAJE EN EL FÚTBOL BASE 125

    4.1. Introducción...127
    4.2. Métodos tradicionales 129
    4.3. Métodos activos..131
    4.4. Modelos de enseñanza en el deporte 134
        4.4.1. Modelo de enseñanza deportiva técnico-tradicional...............138
        4.4.2. Modelos de enseñanza deportiva alternativo o táctico 143

BIBLIOGRAFÍA 155

INTRODUCCIÓN

*Los juegos de los niños no son tales juegos, sino sus más serias actividades
(Montaigne).*

Partimos de las ideas de Arráez y Romero (2000) y Romero y Cepero (2002) cuando refiriéndose al concepto de actividad física, señalan las distintas manifestaciones que ésta puede representar y que cada una de ellas, teniendo su campo específico de actuación, son capaces de generar conocimiento y, por tanto, pueden constituir el objeto de estudio de investigaciones como la que nosotros queremos desarrollar.

En nuestro caso concreto nos centramos en los procesos de enseñanza-aprendizaje del fútbol, y con más exactitud, dentro de las edades propias de iniciación deportiva. Por tanto, nos centramos en el estudio de los procesos de enseñaza-aprendizaje en el fútbol base.

Profundizando en este tema, Pieron (1999) habla de la Pedagogía de las actividades físicas y deportivas, refiriéndose tanto a la enseñanza de la Educación Física, como al ámbito deportivo. Es por esto que las investigaciones dentro de este campo de estudio se basan o estructuran en torno a los mismos paradigmas que los de la Pedagogía General. Es más, según Morcillo (2003), la investigación en Educación Física se puede encuadrar dentro de un contexto educativo, aspecto con el cual nos identificamos en nuestro trabajo, donde nos ocupamos de aspectos de carácter didáctico y pedagógico en la enseñanza del deporte.

Al abordar dichos aspectos didácticos y pedagógicos, nos hemos de ocupar de varios elementos, los cuales van a ser los ejes centrales en el trabajo que vamos a desarrollar. Por un lado el alumno o jugador, y por otro el técnico o entrenador, como agentes indispensable en los procesos de enseñanza-aprendizaje y entendidos como verdaderos protagonista de los mismos.

Avanzando en el tema, Devís (1995) ha encontrado que tradicionalmente, las investigaciones realizadas en Educación Física se han centrado en la búsqueda de soluciones eficaces o de modelos de enseñanza idóneos, mediante la comparación objetiva de unos y otros. En estas investigaciones se ha obviado el contexto y, por tanto, la difícil generalización de lo resultados obtenidos por la variabilidad de las coyunturas en que se ha de desarrollar el proceso de enseñanza-aprendizaje. Esto puede provocar y, de hecho, provoca que experiencias desarrolladas en un determinado contexto no sean válidas, ni aplicables a otros contextos educativos, aún hablando del mismo nivel, edades u objetivos buscados. En este sentido, Morcillo (2003) habla de los nuevos compromisos de la investigación en el ámbito educativo de la actividad física, señalando que en vez de buscar la enseñanza eficaz o la eficacia de la enseñanza buscan la calidad de los planteamientos educativos. Ahora bien, para este cometido se precisa, según las aportaciones de Kirk (1989) que exista cercanía entre los investigadores y los encargados de desarrollar dichos procesos de enseñanza-aprendizaje, esto es, que los investigadores no actúan sobre los profesores, sino junto a ellos. Es éste uno de los elementos básicos que hemos querido desarrollar en nuestro trabajo.

En base a lo anterior, ubicamos nuestro trabajo dentro de un modelo a caballo entre los planteamientos reflexivos y ecológicos (Devís, 1995), pues buscamos la reflexión de los entrenadores sobre su práctica con el fin de ajustar el proceso de enseñanza-aprendizaje a las características, posibilidades, necesidades y limitaciones de sus alumnos. Asimismo, dentro de los marcos de investigación de la Didáctica de la Educación Física, nos encuadramos en el paradigma descriptivo, así como en el interpretativo (Carreiro da Costa, 1999), tratando de comprender la conducta humana dentro de su contexto. Este autor hace una hace diferenciación dentro de este último paradigma, en función de que la investigación trate sobre los procesos de pensamiento y acción del profesor o de los alumnos. De acuerdo con ello, Romero (2000: 50) denomina a este paradigma como, *modelo de investigación didáctica cognitivo o mediador centrado en los alumnos o en los profesores*. En este sentido, hemos de decir que en nuestro trabajo nos interesamos por ambos aspectos, pues si bien nos preocupamos de la construcción del proceso de enseñanza-aprendizaje del entrenador, igualmente prestamos atención a la percepción que los alumnos tienen sobre dicho proceso.

Por último, en lo concerniente a la Pedagogía de las Actividades físicas y deportivas, Piéron (1999) y Rodrigues (1997) se refieren a la existencia de cinco paradigmas de investigación, los cuales recogemos a continuación:

- Descripción-correlación-experimentación.
- Pronóstico-proceso-producto.
- Paradigma ecológico y la observación etnográfica;
- Paradigma de los procesos mediadores;
- Paradigma experto-principiante.

De entre ellos, nuestra investigación se sitúa en torno a los planteamientos del paradigma de los procesos mediadores, en tanto en cuanto, nos preocupamos de los procesos mentales existentes entre el estímulo emitido por el profesor/entrenador y la respuesta del alumno/deportista o los resultados del aprendizaje (Levie y Dickie, 1973; citados por Moreno Arroyo, 2001). Pero, a su vez, pretendemos describir e interpretar el proceso de enseñanza-aprendizaje seguido por los jugadores mediante la involucración de los entrenadores en procesos colaborativos y de reflexión sobre su propia práctica, así como el aprendizaje de los alumnos bajo aproximaciones basadas en su protagonismo e implicación. Es por ello que también nos mostramos cercanos a los supuestos planteados por el paradigma ecológico.

En base a lo anterior, y previo a la realización del trabajo de investigación, hemos de conocer el estado en que se encuentra nuestro objeto de estudio. De este modo, a lo largo del capítulo referido al marco teórico, que es el que nos ocupa, vamos a centrarnos en la revisión de la literatura y de trabajos e iniciativas existentes en torno al fútbol base. En este sentido, intentaremos delimitar el concepto de fútbol base, así como su campo de acción. Igualmente, abordaremos el fútbol como deporte de equipo, partiendo de su análisis estructural y funcional, para acabar en una visión globalizada e integrada del mismo, lo cual, en última instancia, nos permitirá determinar las características de las habilidades motrices que le son propias y necesarias para su práctica. Una vez determinados los aspectos anteriores, nos ocuparemos, como elemento imprescindible en la enseñanza y el entrenamiento del fútbol, de los procesos cognitivos que se ponen en liza en la puesta en práctica de dichas habilidades. Por último, nos centraremos en los distintos enfoques metodológicos de enseñanza que existen en la iniciación al fútbol.

Capítulo I

EL FÚTBOL BASE

1.1. INTRODUCCIÓN.

Lo primero que debemos abordar en este apartado es el concepto de fútbol base, qué se llega a entender por él y delimitar la franja cronológica a la que corresponde. En este sentido no existe uniformidad de criterios entre los diferentes autores que tratan el tema, los cuales hacen clasificaciones y formas de aproximarse al entorno de fútbol base muy dispares.

Lo que si parece claro y en lo que la mayoría de los autores revisados coinciden (Garganta y Pinto, 1994; Lealli, 1994, Bini, Leroux y Cochin, 1995; Romero 1997, 2005; Blázquez, 1999; Lapresa, Arana y De León, 1999; Mombaerts, 2000; Benedek, 2001; Pino y Cimarro, 2001; Ruiz, García y Casimiro, 2001; Gréghaigne, 2001; Sans y Frattarola, 2002;Lago, 2002; Ardá y Casal, 2003; Garganta 2003, 2003b, 2004, Pacheco, 2004; Bruggemann 2004; Union Europeenes de Football Association, 2003,2005) es que, como señala Morcillo (2003:21-22), el fútbol base alude a *categorías y/o etapas formativas, y desde el posicionamiento en que entendemos que los procesos formativos son infinitos,* como:

1. *Momentos del citado proceso en que debe predominar la formación sobre el rendimiento en competición, y/o;*
2. *Momentos o periodos del proceso en que se entiende que aún no se han alcanzado niveles óptimos de formación, o lo que es lo mismo, que aún queda una considerable cantidad de conceptos básicos que aprender.*

En este sentido, la U.E.F.A. (2006)[1], organismo que dirige el fútbol a nivel europeo dentro de un programa de apoyo al fútbol base en el que participan las federaciones de Inglaterra, Escocia, Holanda, Francia y Alemania, habla de la necesidad de *establecer un programa coherente, ofreciendo oportunidades de entrenar y jugar a jóvenes de diferentes grupos de edad,* señalando los intervalos que van desde los 5 a los 12 años, en primer lugar, y, por otro, el que transcurre entre los 12-19 años. La elaboración de este programa se puso de manifiesto en la reunión del comité ejecutivo de la UEFA en Septiembre de 2001 en Roma, creando un grupo de trabajo, formado por las federaciones nacionales expuestas anteriormente y que entre los años 2002-2004 realizaron el anteproyecto y experiencias pilotos, finalizando con la aprobación de un estamento sobre el fútbol base en 2004. Dentro de este

---

[1] Página oficial de la Union Europeenes de Football Association (UEFA). Visitado [6-02-2006]. Disponible en la Worl Wide Word: http://uefa.com.

marco Johansson, expresidente de la UEFA, en el boletín oficial de dicho organismo (2005), señaló la importancia de un marco correcto de desarrollo del fútbol base, argumentando que éste constituye los cimientos del balompié. Para la Real Federación Española de Fútbol, el fútbol base es aquel que alberga las categorías desde benjamines a infantiles, o lo que es lo mismo, desde 8 a 14 años, según recoge en sus intencionalidades en la creación de la Escuela Nacional de Fútbol Base[2], lo cual no concuerda con lo señalado por la UEFA en las referencias utilizadas anteriormente.

Según la UEFA (2004), el fútbol base es todo aquel que no es ni profesional, ni de élite, y determina que todo el fútbol practicado por los chicos es fútbol base. Incluye, dentro del mismo los siguientes aspectos:

- Fútbol en clubes amateur.
- El fútbol de los chicos. *(Children´s football)*.
- Fútbol Escolar.
- Fútbol Playa.
- Fútbol de ocio *(Leisure Football)*.
- Fútbol en compañías *(Company football)*.
- Fútbol en la ciudad, reconociendo dentro de él el de grupos marginales o desfavorecidos.
- Programas comerciales.
- Fútbol Indoor – Futsal.
- Fútbol de veteranos.

En relación con esto establecen la pirámide del fútbol, cuya base está constituida por el *Grassroots football*, dentro del cual aparece el fútbol de los chicos, el fútbol amateur, el fútbol de diversión y el fútbol escolar (Figura 1).

---

[2] Página oficial de la Escuela Nacional de la Federación Española de Fútbol (RFEF). Visitado [7-02-2006]. Disponible en la World Wide Web: http://escuelanacional.rfef.es

```
          Pro
        Football
     Clubs/Equipos
       Nacionales

   Fútbol Juvenil de Élite
  Pro Academias – Selecciones
          Nacionales

     Grassroots Football
 Fútbol de los chicos – Fútbol Amateur
    Fútbol de ocio – Fútbol escolar
```

Figura 1. Pirámide del Fútbol. Extraído de UEFA (2004:6) revista Grassroots football, nº 1

Johansson (2001) reconoce que los deberes de los programa de fútbol base han de convertirse en un vehículo para la educación y para el desarrollo social y deportivo, así como para la creación de *una conciencia filosófica-estructural que promueva el fútbol para todos, el juego limpio y las conductas antirracistas, y la continua inversión en infraestructuras y organización* (UEFA, 2005).

Parece claro, por lo señalado hasta este momento, que el fútbol base hace referencia a las etapas de iniciación y perfeccionamiento deportivo de los niños y jóvenes y que en ellas se ha de poner énfasis en aspectos que vayan más allá del entrenamiento del fútbol. De los anteriores argumentos se puede deducir la importancia que, desde el máximo organismo competente en el fútbol europeo, se quiere dar a aspectos que trascienden al fútbol, que van más allá de la mera adquisición de habilidades de un deporte concreto y que apuntan hacia el desarrollo del niño como persona (Romero, 1997). Reflejo de esto es la inclusión dentro de la página web de la UEFA[3] de varios apartados dedicados al fútbol base, en lo que viene a denominarse grassroots, y a lo que hemos hecho referencia, así como a la publicación de una revista "grassroots", dedicada con exclusividad a este aspecto. Asimismo,

---

[3] Página oficial de la Union Europeenes de Football Association (UEFA). Visitado [6-02-2006]. Disponible en la World Wide Word: http://uefa.com.

en la revista "The Technician", también publicada por la UEFA, nos encontramos, en muchos de sus números, artículos referidos al desarrollo del fútbol base. Dentro de esta corriente destaca la dedicación de la Federación Inglesa de Fútbol, con la publicación de documentos tales como "Child protection procedures and practices handbook" (2001) o "The F.A. Child Protection Policy" (2001), mostrando una política de protección al niño y joven que forma parte de la práctica del fútbol, sea cual sea su ámbito, y que se preocupa, entre otras cosas, de la detección incluso de maltratos, abandonos y dejadez por parte de sus familias. De igual manera, este organismo, permite el acceso, desde su página web[4] a aspectos centrados en la formación de técnicos, artículos de interés, conferencias sobre el fútbol base, asesoramiento a los padres y a los practicantes y estrategias para el desarrollo del fútbol.

Si nos trasladamos al caso de nuestro país, la Real Federación Española de Fútbol, dentro de su página web (www.rfef.es) tiene un apartado de "fútbol juvenil" que podemos entender como atención al fútbol base, en el cual se recogen los resultados de las competiciones que, a nivel nacional, se disputan en estas categorías. Igualmente, dentro del apartado "Escuela Nacional de Entrenadores" si incluye un link referido a "Escuelas de Fútbol Base", con un listado de las mismas y se refiere a la creación de la *Escuela nacional de fútbol base, que debe servir, entre otros motivos, para facilitar a muchos jóvenes en edad de benjamines, alevines o infantiles, desde 8 a 14 años, la posibilidad de practicar, aprender y perfeccionar no sólo el deporte del fútbol sino también adquirir o continuar un adecuado desarrollo en la vida*[5]. Asimismo, la Real Federación Española de Fútbol nos permite el acceso a sus estatutos, en los cuales en ningún caso aparece el término fútbol base, ni iniciación al fútbol y que sólo hace referencia a las categorías inferiores señalando que *corresponde a la Liga Nacional de Fútbol Aficionado organizar y dirigir, en el seno de la RFEF, el fútbol practicado en las categorías denominadas de aficionados, juveniles, cadetes, infantiles, benjamines y prebenjamines, de ámbito estatal* (Artículo 17. Estatutos de la RFEF, 1993-2005). Por su parte, la Federación Andaluza de Fútbol si parece prestar más atención al fútbol base, en primer lugar con la divulgación a través de su web de la revista "golesur", en la cual se hace referencia en algunos artículos a las categorías inferiores, así como a través de su "Centro de Estudios, Desarrollo e Investigación del Fútbol Andaluz (C.E.D.I.F.A.)", donde si se recogen aspectos que po-

---

[4] Página oficial de The Football Association (FA). Visitado [6-02-2006]. Disponible en la World Wide Word: http://thefa.com.
[5] Página oficial de la Escuela Nacional de la Federación Española de Fútbol (RFEF). Visitado [7-02-2006]. Disponible en la World Wide Web: http://escuelanacional.rfef.es

nen énfasis en el fútbol base, su desarrollo y la formación de los técnicos deportivos en fútbol.

Para concluir con este aspecto diremos que en la revisión hecha de las páginas web de la F.I.F.A.[6] (Federation Internatinale de Football Association), como máximo organismo competente en el fútbol mundial y de las Confederaciones C.O.N.C.A.C.A.F.[7] (The Confederation of North, Central Amaerican and Caribbean Association Football), C.O.N.M.E.B.O.L.[8] (Confederación Sudamericana de Fútbol), A.F.C.[9] (Asian Football Confederation), C.A.F. [10](Confederation Africaine de Football) y O.F.C.[11] (Oceania Football Confederation) no se han encontrado alusiones directas al fútbol base, haciéndolo sólo en lo referido a competiciones de sub-21, sub-19, sub-17 y sub-15. Sólo la C.A.F. incluye un link en su página principal hacia una sección destinada a la formación del entrenador, pero que aún no se encuentra operativo. Por su parte, la O.F.C. si alberga apartados específicos de fútbol base, al igual que la U.E.F.A., con lo cual parecen las confederaciones más preocupadas por el desarrollo del fútbol mismo.

Mostramos a continuación las páginas web revisadas de organismos nacionales e internacionales de fútbol y la inclusión o no de aspectos relacionados con el fútbol base.

---

[6] Página oficial de la Fédération Internacionales de Football Association (FIFA). Visitado [6-02-2006]. Disponible en la Worl Wide Word: http://fifa.com.
[7] Página oficial de la Confederation of North, Central American and Caribbean Association Football (CONCACAF). Visitado [6-02-2006]. Disponible en la Worl Wide Word: http://concacaf.com.
[8] Página oficial de la Confederación Sudamericana de Fútbol (CONMEBOL). Visitado [6-02-2006]. Disponible en la Worl Wide Word: http://uefa.com.
[9] Página oficial de la Asian Football Confederation (AFC). Visitado [6-02-2006]. Disponible en la Worl Wide Word: http://he-afc.com.
[10] Página oficial de la Confédération Afrricaine de Football (CAF). Visitado [6-02-2006]. Disponible en la Worl Wide Word: http://cafonline.com.
[11] Página oficial de la Oceania Football Association (OFC). Visitado [6-02-2006]. Disponible en la Worl Wide Word: http://oceaniafootball.com.

Referencias al fútbol base en las páginas web de los Organismos Internacionales de Fútbol.		
Organismo	Dirección electrónica	Referencias
F.I.F.A.	www.fifa.com	Sólo encontramos referencia al programa "Goal", que se encarga de la expansión del fútbol y la facilitación de la participación en el mismo, pero no se ven referencias directas al fútbol base.
C.O.N.M.E.B.O.L.	www.conmebol.com	No encontramos referencias directas al fútbol-base.
A.F.C.	www.asian-football.com	
C.O.N.C.A.C.A.F.	www.concacaf.com	
O.F.C.	www.oceaniafootball.com	En el link "OFC development" encontramos referencias al fútbol juvenil y a programas de desarrollo de fútbol base. Asimismo encontramos la publicación de la revista "The wave", en la cual en algunos número se hace referencia al fútbol base.
U.E.F.A.	www.uefa.com	Se encuentran referencias directas al fútbol base, principalmente en el link "football develompment", que se encuentra ubicado dentro de la sección de "UEFA organisation". En dicho link encontramos aspectos centrados en la formación de entrenadores, de desarrollo del fútbol y dentro de "grassroots" nos encontramos con temas que hacen hincapié en el desarrollo del fútbol base. En este sentido la UEFA publica la revista "Grassroots football newsletter". Igualmente en la revista "The Technician" también hace referencia, en algunos números, a aspectos centrados en el fútbol base.

Tabla 1. Referencias al fútbol base en las páginas webs de los organismos internacionales de fútbol

Por su parte, los organismos nacionales españoles a los que hemos hecho referencia anteriormente son los que se recogen en la siguiente tabla 2.

Referencias al fútbol base en las páginas web de las Federaciones Españolas de Fútbol.		
Federación	Dirección electrónica	Referencias
R.F.E.F. Real Federación Española de Fútbol	www.rfef.com	Se hace referencia al fútbol base, como tal, dentro de la "Escuela Nacional de Entrenadores", donde se alude a la creación de la "Escuela Nacional de Fútbol base" y se comenta brevemente su filosofía.
Andaluza	www.faf.com	Incluye un link al CEDIFA (www.cedifa.org), que es un órgano dependiente de la misma, y encargado de la formación de técnicos en Andalucía, donde se recogen aspectos sobre el fútbol base, un aula permanente, aspectos organizativos, cursos, etc.
Aragonesa	www.futbolaragon.com	No aparecen referencias directas al fútbol base, a no ser que aludamos a resultados o competiciones.
Asturiana	www.asturfutbol.es	
Balear	www.futbolbalear.com	
Canaria	www.fiflp.com	
Cántabra	www.federacioncantabradefutbol.com	
Castellano-Leonesa	www.fcylf.es	No hay alusiones directas, pero se puede consultar la revista "En Equipo" donde aparecen algunos artículos de fútbol base.
Castellano-Manchega	www.fccm.futbolbase.com	Si encontramos referencias directas al fútbol base. Mostrando un link de acceso al "Rincón del Formador", página dirigida por Horst Wein, en la que se recogen artículos sobre la formación y el entrenamiento en el fútbol base.

Federación	Dirección electrónica	Referencias
Catalana	www.futcat.org	Dentro del link "Escuela de Entrenadores" podemos encontrar información sobre el fútbol base y destaca el apartado "Aprende fútbol", donde se dan consejos, información para el entrenamiento de fútbol base, etc.
Ceutí	----	----
Extremeña	www.fexfutbol.com	No aparecen referencias directas al fútbol base, solo a nivel competitivo.
Gallega	----	----
Madrileña	www.ffm.futbolbase.com	Si encontramos referencias directas al fútbol base. Mostrando un link de acceso al "Rincón del Formador", página dirigida por Horst Wein, en la que se recogen artículos sobre la formación y el entrenamiento en el fútbol base.
Melillense	www.femefutbol.com	En el link "Escuela multideportivas" se hace referencia al deporte de base. Es un proyecto muy interesante sobre la formación no específica de los jóvenes y el desarrollo integral del niño.
Murciana	www.ffrm.es	No aparecen referencias directas al fútbol base, solo a nivel competitivo.
Navarra	www.futnavarra.es	
Riojana	www.frfutbol.com	Recoge aspectos sobre el fútbol base y actividades formativas referidas al entrenamiento en el mismo, diferentes a las conducentes a la obtención del título de técnico-deportivo.
Valenciana	www.fevafutbol.com	No aparecen referencias directas al fútbol base, solo a nivel competitivo.
Vasca	www.ef-fvf.org	

Tabla 2. Referencias al fútbol base en las páginas web de las federaciones españolas de fútbol.

Igualmente creemos conveniente destacar a la Federación Inglesa de Fútbol (www.thefa.com), a la Federación Escocesa de fútbol (www.scottishfa.co.uk), a la Federación Alemana de Fútbol (www.dfb.de), así como a la Federación de Fútbol de Estados Unidos (www.ussoccer.com), que en sus páginas si aluden directamente al desarrollo del fútbol base incluyendo programas, artículos y datos de interés para jugadores, entrenadores y padres. En todas ellas muestran un gran interés por las edades de iniciación y recalcan el valor educativo que han de caracterizar los procesos de entrenamiento en estas etapas.

Si nos referimos a autores que hacen referencia al fútbol base, como dijimos en un principio, no existe gran uniformidad con respecto a su catalogación y/o concepto. Existen autores que aluden a éste como fútbol escolar, el cual es definido por Koch (1998:97) como una *forma organizativa del fútbol en el ámbito de la escuela. Es fomentado y coordinado por la comisión para el fútbol escolar y también por los clubes. El entrenamiento y los partidos están regulados dentro de un grupo de trabajo y, además, se convocan torneos donde pueden participar los escolares. Es una importante columna de la nueva generación de futbolistas que no en todas las regiones recibe las atenciones necesarias.*

Leali (1994), alude al fútbol base como una etapa de preparación juvenil, que va desde los 8 a los 16 años. Brüggemann (2004) coincide con el anterior autor en la catalogación que confiere al fútbol en estas edades, llamándolo *entrenamiento infantil y juvenil*, si bien no coincide con en la franja de edad que debe albergar, pues en este caso alude a etapas que van desde los 4 a los 18 años.

Sans y Frattarola (2000:10-15) se refieren al fútbol base como un proceso formativo, cuyo principal objetivo es *que los jóvenes jugadores lleguen a dominar en la etapa de iniciación los fundamentos básicos del fútbol.* En este sentido se manifiestan Garganta y Pinto (1994:116-117) cuando aluden a la enseñanza del fútbol como *un proceso de construcción durante el cual los practicantes van integrando niveles de relación cada vez más complejos, de acuerdo con los diferentes elementos del juego (balón, metas, compañeros, adversarios). La integración no debe basarse en la estratificación o superposición de adquisiciones, sino suscitar al practicante diversas articulaciones con sentido, en las cuales los saberes y competencias sobre el juego le sean reclamadas sistemáticamente en sus interacciones.* Por su parte, Benedek (2001) se refiere al fútbol base aludiendo a tres ámbitos diferentes, el fútbol de las calles y plazuelas, el fútbol escolar y el fútbol de cantera en los clubes y en las escuelas deportivas. Asimismo, alude al entrenamiento de base, y *particu-*

larmente el entrenamiento con niños, como *una fase de formación en la que se construye los fundamentos para un alto rendimiento posterior en la élite (...) el objetivo del entrenamiento con niños, como componente de este proceso, consiste en educar al niño para ser un deportista, un futbolista* (Ibídem, 2001:29). Gréhaigne (2001:150 y ss.) muestra planteamientos coincidentes en algunos aspectos con el anterior autor, en la medida de que habla de una aproximación al fútbol, a los deportes colectivos en general, basada en las inquietudes y motivaciones de los practicantes, las cuales determinarán la modalidad de fútbol elegida, tales como rendimiento, esparcimiento, salud, etc. Igualmente alude al proceso de formación deportiva como un producto de modificación de representaciones, en el sentido en que una representación es *un modelo de explicación que organiza la percepción, la comprensión de la información y orienta a la acción* (Giordan, 1987 cit. por Gréhaigne, 2001:150). Por tanto, el proceso de formación ha de basarse en la modificación continua de las representaciones de los jugadores sobre el fútbol para ir ajustándola progresivamente a las exigencias del juego. *Esta transformación supone una aceptación del alumno y unos conocimientos sobre el proceso de evolución de sus representaciones* (Ibídem, 2001:151). Todos los autores nombrados en este párrafo no aluden a edades concretas al referirse al fútbol base, pues en la misma línea que marcan Bini, Leroux y Cochin (1995:13), *las características que se describen y atribuyen a una determinada edad no siempre tienen una correspondencia absoluta con la realidad (...) cada niño, en función de su personalidad y de su entorno, las vivirá de modo distinto, más o menos intensamente, durante un período más o menos largo.*

Pacheco (2004:19) se refiere al fútbol infantil y juvenil *como una escuela de jugadores de fútbol. Así como la escuela tradicional pretende dar la formación académica a los ciudadanos para que más tarde puedan integrarse en la vida activa de la sociedad, la escuela de fútbol pretende dar la formación adecuada a los jóvenes futbolistas para que más tarde puedan integrarse en los equipos de adultos. Pero como no todos podrán tener acceso a ello, en este caso estamos obligados a dar una formación integral, haciendo del entrenamiento también una escuela de carácter.* En base a todos los autores nombrados, así como organismos competentes en fútbol, consideramos que esta definición realizada por Pacheco constituye la esencia o la razón de ser del fútbol base.

1.2. EL FÚTBOL Y SU ADAPTACIÓN AL DESARROLLO DEL JUGADOR.

La especialización deportiva temprana es un error. Antes de los 10 años, el niño, ni por desarrollo orgánico, ni por estructura psicológica puede ser lanzado a una especialización deportiva. Muy al contrario, hay que enriquecer su campo de experiencias con formas jugadas y, sobre todo, darle las máximas opciones electivas de cara a su futuro en el campo del deporte (Torres y Rivera, 1994:7-8). Por lo tanto, parece ser que la principal adaptación que hay que hacer en los procesos de enseñanza-aprendizaje para ajustarlo al momento evolutivo del niño es presentarlo de forma jugada, entendiendo el juego como *una actividad u ocupación voluntaria que se realiza dentro de ciertos límites establecidos de espacio y tiempo, atendiendo a reglas libremente aceptadas, pero incondicionalmente seguidas, que tienen su objetivo en sí mismo y se acompañan de un sentimiento de tensión y alegría* (Huizinga, 1998).

Al referirnos a la iniciación deportiva, y a la idoneidad del juego para la realización de la misma, nos ubicamos primordialmente dentro de los juegos predeportivos y/o deportes reducidos (Fusté, 2001), los cuales intentan garantizar que las condiciones perceptivomotrices que se desarrollan en su práctica sean acordes con las características de sus practicantes, sigan una norma didáctica y puedan ser elegidos y/o modificados en función de las habilidades, los contenidos, los materiales, los espacios y los tiempos donde podamos o queramos practicarlo (Torres y Rivera, 1994). Estos mismos autores, al hablar de deportes reducidos los presentan como *el último paso de la progresión para llegar al deporte, para que los niños/as puedan practicarlo en condiciones idóneas, de tal manera que no se pierda la esencia del deporte, y, en cambio, este juego, esté plenamente identificado con las características de sus practicantes: edad, cualidades físicas, conocimientos, pensamiento táctico....* (Ibídem:34).

El entrenamiento y las competiciones en la iniciación deportiva han de estar sujetas a algunas transformaciones, frente al entrenamiento de alto rendimiento, que las hagan acordes a las particularidades del desarrollo psíquico, físico y motor de los niños y de los jóvenes (Martin, Nicolaus, Ostrowsky y Rost, 2004:19). En este sentido, las características y los indicadores de su desarrollo son un aspecto ineludible en el planteamiento del entrenamiento en la infancia y la juventud (Ibídem, 2004:25). Los entrenadores y los padres habrán de ser muy cuidadosos para que sus chicos se desenvuelvan e involucren en un nivel de competencia que les sea apropiado (Lyon, 2001). Así, Horn (2002) señala que el conocimiento sobre las demandas del fútbol para los jugadores en desarrollo es aún muy escaso. Con lo cual concuerdan Farrow y Hewitt (2002), que nos muestran las experiencias del programa sobre fútbol del instituto del deporte de Australia, en el que pretenden aumentar el conocimiento sobre los mecanismos de desarrollo de los jugadores jóvenes con miras a nutrir a las selecciones masculinas y femeninas olímpicas y absolutas. En esto se encuentran inmersos desde 1981 mediante un seguimiento de jugadores y un estudio pormenorizado de sus cualidades y capacidades físicas, motrices y cognitivas. Este conocimiento ha de facilitar la adaptaciones de las que hablábamos anteriormente, no sólo para un desarrollo más acorde de las habilidades necesarias en la práctica del fútbol, sino también como medio para evitar lesiones en los jóvenes jugadores cuando se les expone a demandas superiores a sus posibilidades (Hayes, 2003, Ranhama y Manning, 2003 cit. por Hayes, 2003). Aspecto que también destaca Malina (2001), que afirma que los jóvenes jugadores, en muchos deportes tienen que amoldarse a medidas, características psíquicas y funcionales similares a la de los atletas adultos. Este hecho se agrava si tenemos en cuenta que en esas condiciones son en las que se hace la selección de futuros talentos. *Es por ello importante apreciar las variaciones de las características de crecimiento y maduración en los chicos y adolescentes, en general, como medida para facilitar su participación en deportes específicos.* Con los anteriores presupuestos se encuentran acordes las aportaciones de Ward y Williams (2000), Stratton (2002a, 2002b), Battista, Cumming y Malina (2003) que en sus trabajos sobre las estructuras de conocimientos de los jóvenes jugadores señalan la necesidad de dichas adaptaciones.

La necesidad de adaptar la práctica del fútbol a las características de los jugadores ha podido quedar más o menos patente con las anteriores afirmaciones, pero puede ser muy concluyente el estudio de Groom y Paull, cit. por Horn (2001), en el que intentaban comprobar los efectos de la edad y la experiencia en el desarrollo de habilidades. En él utilizaron jugadores de entre 5 y 15 años de edad, los cuales realizaron situaciones de juego basadas en regates y giros y posteriormente se les preguntaba sobre su ejecución. Los autores determinaron que solo la edad era un indicador fiable en el desarrollo de dichas habilidades, argumentando que antes de los 10-11 años los jugadores no superan la fase en que puedan descentralizar su atención y responder a las demandas que se les exigen. No obstante, estos autores afirman que el entrenamiento con jugadores más jóvenes puede mejorar estos aspectos, pero que hemos de ser conscientes de que el entrenamiento atencional y perceptivo con jugadores menores a los 5-7 años no es congruente con sus capacidades.

En referencia a todo lo anterior nos encontramos con las aportaciones de Wein (1995:24 y ss.), que nos vienen a decir que *sólo cuando las exigencias de la competición coinciden con las capacidades intelectuales, psíquicas, psicológicas y motrices del niño, éste mismo aprende de forma rápida, eficaz y duradera*. En este sentido, el mismo autor señala que *hace falta adaptar el juego al niño y no obligar al joven futbolista a adaptarse al juego de los adultos*. Y es que como se ha señalado con anterioridad, uno de los grandes problemas que nos encontramos en el entrenamiento del fútbol base es que se realizan traslaciones directas y copias de planteamientos y actividades propias de los adultos y que lejos de acercar el fútbol al niño lo alejan de él (Lealli, 1994; Bini, Leroux y Gochin, 1995; Albert y Brüggemann, 1996; Lapresa, Arana y De León, 1999; Mombaerts, 2000; Benedek, 2001;Pino y Cimarro, 2001; Lapresa, Arana, Carazo y Ponce, 2002; Pacheco, 2004; Brüggemann, 2004; Garganta, 2004; Arana, Lapresa, Garzón y Álvarez, 2004 y Romero, 2005).

Ante lo comentado anteriormente, y aunque lo veremos con mayor profundidad en el siguiente apartado, hemos de hacer referencia a los trabajos de Wein (1995), Lapresa, Arana y De León (1999) y Pacheco (2004), entre otros. Estos autores hablan de la necesidad de plantear una progresión en la enseñanza del fútbol en la que los agrupamientos utilizados en la competición, entre otros factores, se adapten a las características de los jugadores. Es decir, que practiquen juegos deportivos reducidos o predeportes, como hemos reseñado en párrafos anteriores, modificando las dimensiones del terreno de juego y el número de compañeros y adversarios con respecto al reglamento oficial del fútbol a 11. La progresión didáctica más ambiciosa es la mostrada por Wein (1995), que parte del fútbol a 1 para llegar al fútbol a 11, pasando, entre ambos extremos de la evolución por todas las agrupaciones posibles. Experiencias o evoluciones parecidas son las puestas en práctica por organismos oficiales como son la Federaciones escocesa, francesa y holandesa de fútbol. La misma U.E.F.A.[12] en el curso de verano de Coverciano (Italia) en el año 2003, determinó que el fútbol de menores de 10 años debía practicarse obligatoriamente en juego reducido (minigames).

Los trabajos de Lapresa, Arana y De León (1999), Lapresa, Arana, Carazo y Ponce (2002) y Arana, Lapresa, Garzón y Álvarez (2004), recalcan la necesidad de las adaptaciones a las que hemos hecho referencia anteriormente, es más señalan que aunque el modelo actual de categorías deportivas busca la adaptación del deporte estándar al proceso evolutivo del jugador,

---

[12] Página oficial de la Union Europeenes de Football Association (UEFA). Visitado [9-02-2006]. Disponible en la World Wide Word: http://uefa.com.

se pueden observar aún grandes dificultades en la manera en que los niños pueden responder a la exigencia deportiva de la modalidad que les ha sido asignada, aspectos éstos también expresados por Lyon (2001), Malina (2001) y Hayes (2003). Concretamente, Lapresa, Arana y De León (1999:30) hablan, en consonancia con lo expuesto anteriormente por Wein (1995), que el salto del fútbol 7 al fútbol 11 es muy grande para los jugadores, e incluso que el fútbol 7 presenta unas demandas muy exigentes para la naturaleza de sus practicantes. Es por ello que estos autores señalan, en primer lugar la necesidad de utilizar, al menos la progresión de fútbol a 5, la modalidad intermedia de fútbol a 7 y finalmente el fútbol a 11, como se muestra en la siguiente tabla, que corresponde al modelo seguido por la Federación Riojana de Fútbol.

Categoría	Modalidad	Edad	Terreno de Juego	Portería	Circunferencia del Balón	Peso del Balón	Tiempo de Juego
ASPIRANTE	Fútbol a 5	6-8	40x20 m.	3x2 m.	61-63 cm.	410-430 gr.	2x20 min.
BENJAMÍN		8-10					2x25 min.
ALEVÍN	Fútbol a 7	10-12	50-65x30-45m.	6x2 m.	62-66 cm.	340-390 gr.	4x15 min.
INFANTIL	Fútbol a 11	12-14	90-120x45-90 m.	7,32x2,44 m.	68-70 cm.	410-450 gr.	2x40 min.
CADETE		14-15					

Tabla 3. Características estructurales de las categorías deportivas en fútbol extraído de Lapresa, Arana y De León (1999:27-28).

Ahora bien, los autores reseñados en el párrafo anterior, muestran su inclinación hacia una progresión que incluya igualmente el fútbol a 3 y el fútbol a 9 en la evolución anterior.

Las principales razones para llevar a cabo estas adaptaciones la podemos encontrar en el trabajo de Wein (1993,1995), que señala que tras el análisis de la participación de jugadores benjamines y alevines en partidos de fútbol a 11 se obtuvieron una serie de evidencias:

- En 40 segundos de juego efectivo los jugadores perdían el balón una media de seis veces.
- La mayor parte de los jugadores, en el cómputo total del partido, realizaban más acciones erróneas que correctas.

El mismo autor apunta hacia la práctica del fútbol a 11 como la principal causa para los hechos comentados. Así, Pacheco (2004:25) coincide con lo anterior, afirmando que *parece fundamental reducir el número de jugado-*

res y el espacio de juego, para poder contribuir a que los jóvenes futbolistas puedan tener éxito en sus acciones de juego y que puedan jugar cada vez mejor. Pero, como señala este autor, así como Morris (2000), se encuentran pocas investigaciones referidas al deporte base en general y al fútbol en particular, pues existe una gran inclinación hacia el estudio de las disciplinas deportivas en categoría adulta. Pacheco (2004) señala las investigaciones realizadas en Portugal por Carvalho y Pacheco (1990), Cardoso (1998), Costa (1998) y Fernandes (1998). Todas ellas señalan ventajas de la práctica del fútbol 7 sobre el fútbol 11 entre los jugadores de 8 a 12 años. De dichas ventajas se pueden destacar:

- El número de contactos con el balón es 92% superior en el fútbol a 7 que en el fútbol a 11.
- Se realiza un mayor número de habilidades en el fútbol a 7 sobre al fútbol a 11. Destacan los casos del pase con una presencia de un 144% superior, el remate, 141% superior y la conducción del balón, 59% superior.
- Existe una mayor construcción de jugadas cerca de la portería rival.
- En el fútbol, 7 hay un mayor número de goles, lo cual implica una mayor motivación de los jugadores.
- Las exigencias físicas y los tipos de desplazamientos que se precisan en el fútbol 7 son proporcionalmente más parecidos para los chicos de menos de 10 años a los que después tendrán que realizar en el fútbol a 11 que si compiten directamente en esta modalidad.
- *Desde el punto de vista pedagógico-didáctico, el fútbol 7 es el que tiene más importancia, porque es el que proporciona más interacciones con los diferentes elementos del juego, constituyéndose como potencial de progresión en el aprendizaje* (Cardoso, 1998. cit. por Pacheco, 2004:32). Asimismo, desde el punto de vista psicológico el fútbol 7 es *la forma de juego que más motiva a los jóvenes, por estar más adaptada a sus características morfológicas y funcionales, por una mayor frecuencia de contacto con el balón y por inducir más posibilidades de crear situaciones de gol* (Pacheco, 2004:39).

Por, último, y aunque escape a las edades en que nos movemos en nuestra investigación, es decir la de 10-11 años, Arana, Lapresa, Garzón y Álvarez (2004), en un estudio en el que intentaban analizar la idoneidad de la modalidad intermedia de fútbol a 9 entre el fútbol a 7 y el fútbol a 11, encontraron una serie de resultados que demostraban que *la propuesta e fútbol a 9 reduce las dificultades que el niño encuentra para adaptarse a la práctica futbolística del fútbol 11, por lo que la modalidad de fútbol 9 es más apropiada para el niño de primer año de infantiles que la modalidad de fútbol 11.* A esta conclusión llegaron los autores después de un análisis comparativo en la actuación de los jugadores en ambas modalidades, encontrando evidencias de una actuación más ajustada a sus posibilidades y limitaciones en el fútbol a 9, y con unos resultados parecidos a los encontrados en las investigaciones nombradas anteriormente, que comparaban la idoneidad del fútbol a 7 y del fútbol a 11 para las edades de iniciación.

Tras haber recogido las aportaciones de los autores nombrados a lo largo del apartado que nos ocupa, parece totalmente imprescindible la adaptación de fútbol a las características de sus practicantes y no proceder en el modo inverso, que es el que ha prevalecido tradicionalmente, enfrentando a los jóvenes jugadores a situaciones y exigencias que superaban sus posibilidades de actuación tanto físicas, como perceptivo-motrices y cognitivas.

1.3. FASES EN LA INICIACIÓN DEPORTIVA AL FÚTBOL.

En primer lugar, pero sin ánimo de extendernos a este respecto, intentaremos abordar el concepto de iniciación deportiva. Así, Contreras, De la Torre y Velázquez (2001:59) nos vienen a decir que *aunque pueda parecer a primera vista que el concepto "iniciación deportiva" posee un campo semántico claro y preciso, que remite al aprendizaje de los aspectos técnicos, tácticos y reglamentarios de una o de varias modalidades deportivas, en realidad es una expresión bastante más compleja cuyo significado y sentido rebasa ampliamente el mero aprendizaje de tales aspectos.* Para estos autores, la iniciación deportiva lleva implícito, por un lado un proceso de aprendizaje, y, por otro, dicho aprendizaje se enmarca dentro de una práctica sociocultural que viene determinada por la concepción que se tenga del deporte. Es por ello, que el entorno en el que nos movemos y la influencia de agentes externos, como pueden ser los padres, grupo de amigos, tendencia deportiva del entorno y concepción acerca de la misma, actuará sobre dicha concepción de manera determinante (Fernández de la Vega y Badás, 1996; Torres, 2002; Coca, 2002).

Para Hernández Moreno y cols. (2000:11) la iniciación deportiva es *el período en el que el individuo empieza a aprender de forma específica la práctica de un deporte o conjunto de deportes.* Asimismo, estos autores señalan que dicha iniciación deportiva no *es el momento del inicio de la práctica deportiva, sino que es el inicio de una acción pedagógica que teniendo en cuenta las características de la actividad, del niño y de los objetivos, va evolucionando hasta alcanzar el dominio de la especialidad.* Lo cual concuerda con la faceta de aprendizaje que ha de caracterizar estos procesos según Contreras, De la

Torre y Velázquez (2003). Igualmente, el hecho de concluir con el dominio de la especialidad es señalado por Morcillo (2003) cuando se refiere al fútbol base como el período en el que el niño va aprendiendo las habilidades del fútbol hasta alcanzar el dominio de las mismas. En base a esto, podemos hablar que el fútbol base se corresponde con un período de iniciación y perfeccionamiento deportivo. Hablamos de estos dos aspectos, es decir, iniciación y perfeccionamiento, basándonos en los planteamientos de Torres y Rivera (1994:29) cuando hablan de iniciación deportiva como el *comienzo de la vida deportiva de los niños/as*, y en la cual incluyen varias fases y etapas cronológicas que se refieren a una iniciación genérica, en primer lugar, para pasar después a una iniciación específica, paso previo a las fases de perfeccionamiento o tecnificación posteriores a la pubertad (Bruggemann, 2004).

El carácter complejo del concepto de iniciación deportiva al que hacíamos referencia anteriormente lo señala Amador (1995) cuando se refiere a él como un proceso de aprendizaje cognitivo y motriz de un juego deportivo, que alcanza su objetivo con el dominio básico de las habilidades técnicas y con el desarrollo de la capacidad de actuación estratégica de un individuo. Aspectos estos que son tenidos en cuenta por Giménez, Sáenz-López e Ibáñez (1999) cuando al hablar de iniciación deportiva se refieren a la enseñanza del deporte en las primeras edades y señalando que hay que tener en cuenta aspectos tales como la edad de los deportistas y el nivel de desarrollo de los mismos, así como la modalidad deportiva y su complejidad. Ahora bien, la realidad no es esa, ya que según Helsen, Winckel y Williams (2005), en un estudio realizado con 2175 jóvenes futbolistas de diversos países europeos, el mayor porcentaje de elección de chicos para sucesivas categorías corresponde a los nacidos en los primeros meses del año, primordialmente entre Enero y Marzo, lo cual refleja que en los momentos en que se realiza la selección se atiende primordialmente a aspectos físicos, en los cuales estos chicos superan a los que nacen a final de año. Argumentos similares utilizan Martens (1987), Davids, Less y Burwitz (2000) y Frankl (2006) al señalar que la división en categorías debería hacerse en base al nivel de habilidad, desarrollo y estado físico, y no en función de la edad cronológica o del género. Lo cual concuerda con los planteamientos de Lasierra y Lavega (1993), que señalan tres aspectos claves a la hora de introducirse en un proceso de iniciación deportiva:

1. La motricidad de las personas que participan y muy especialmente el momento del desarrollo evolutivo en el que se encuentra.
2. La complejidad estructural del deporte en el que se va a llevar a cabo la iniciación.
3. La metodología que se va a utilizar para el desarrollo del proceso de enseñanza-aprendizaje.

Por lo tanto, podemos ver como se reitera la referencia a un proceso de aprendizaje y en este caso se habla ya de proceso de enseñanza-aprendizaje y de los elementos metodológicos y didácticos inherentes a él.

Avanzando un poco más sobre este tema, García Eiorá (2000:62) habla de diferentes ámbitos de la iniciación deportiva:

- Deporte Recreativo: realizado durante el tiempo de ocio de manera lúdica y libre.
- Deporte Competitivo: asociado a las federaciones y clubes e inmersa en sistema de competiciones que buscan la optimización del rendimiento a través del entrenamiento.
- Deporte Educativo: a través del área de Educación Física en pro de la formación y educación del alumnado.

Este mismo autor habla de que en la actualidad esta diferenciación no es tan clara pues *por ejemplo, un club que tenga como objetivo el iniciar a un deporte en concreto a unas niñas con la intención de crear en el futuro un equipo de alto nivel o de incorporarlas al ya existente, no podrá olvidarse de aspectos relacionados con la recreación y la educación. Si los entrenamientos no contienen juegos motivantes que desarrollen de forma lúdica los contenidos, que sean una opción clara de ocupar el tiempo de ocio de manera que se diviertan y disfruten. Probablemente abandonarán el club dedicándose a otra actividad más atractiva de las muchas que se ofrecen en la actualidad. Igual que una metodología de entrenamiento que no complete fines educativos generales como: propinar la adquisición, aplicación y uso de nuevos conocimientos; la planificación y autocontrol de conductas; el desarrollo de la inteligencia y la creatividad, etc.; aplicado a los deportes de equipo en concreto, no estará formando a las jugadoras de manera eficaz y teniendo en cuenta todo su potencial* (García Eiorá, 2000:62 y 63).

En los anteriores párrafos se ha señalado uno de los aspectos más importantes en los procesos de iniciación deportiva, este no es otro que la motivación, la cual ha de ser inherente e imprescindible en las prácticas realizadas por los jóvenes jugadores (Mahlo, 1974; Gill, Groos y Huddleton, 1983; Dunning, 1992; García Barrero y Llames, 1992; Ericsson, Krampe y Tesch-Römer, 1993; Devís, 1995, 1996; Cei, 1996; Knop y cols, 1998; Giménez, Saénz e Ibáñez, 1999; Antón y cols., 2000; Gilar, 2002; Pérez Turpin, 2002; Morcillo, 2003; González, Tabernero y Márquez, 2005). En este sentido, Martens (1987) señala que si los chicos no se divierten en los entrenamientos, no querrán volver a jugar a fútbol. Por eso es importante para el entrenador conocer el juego y la progresión adecuada de habilidades, y proporcionar a los chicos numerosas oportunidades de explorar y descubrir a través de su participación.

En un ámbito general, Martin, Nicolaus, Ostrowsky y Rost (2004:15-19) hablan del entrenamiento en el deporte base como entrenamiento infantojuvenil, y señalan que éste comprende el período existente desde la incorporación al entrenamiento infantojuvenil orientado al rendimiento hasta la conexión con las condiciones específicas de rendimiento de la disciplina deportiva de las categorías del deporte de élite y profesional o, cuando no se puedan conseguir estos objetivos, hasta la conexión con el ámbito de los juniors y los adultos de una disciplina deportiva. Dichos autores señalan que la principal diferencia entre el entrenamiento infantojuvenil y el de los adultos y alto rendimiento en que no busca como objetivo el mayor rendimiento posible en la categoría de edad respectiva, sino el cumplimiento de las tareas de los contenidos en cada etapa de entrenamiento.

En lo referente al fútbol, aunque son muchos los autores que han hablado de diferentes fases en la iniciación deportiva al mismo, los estudios de Moore, Burwitz, Collins y Jess (1998) y los de Davids, Lee y Burwitz (2000), señalan que los entrenadores han de animarse a reemplazar la búsqueda del desarrollo y rendimiento de sus jugadores atendiendo a etapas preestablecidas y cronológicamente cerradas y poner en marcha un trabajo basado en intentar conseguir el desarrollo de esas etapas independientemente de la edad cronológica de los jugadores. Para ello, estos autores hablan de la necesidad de realizar estudios con base y validación científica sobre cuatro aspectos que consideran básicos:

1. Clarificar como los expertos desarrollan las habilidades específicas del fútbol.
2. Averiguar como las habilidades del fútbol se van desarrollando en un tiempo dado variando las limitaciones impuestas por el desarrollo músculo-esquelético.
3. Como descomponer mejor las habilidades del fútbol para ayudar a su práctica.
4. Cuando y cómo han de intervenir los entrenadores durante el proceso de exploración en la práctica.

A estos aspectos, Malina (2001) añade la necesidad de aumentar el conocimiento acerca de los procesos de pensamiento y toma de decisiones de los jugadores.

Asimismo, ha existido y existe una creencia generalizada acerca de que una iniciación temprana en un deporte y, por ende, una especialización también temprana en el mismo, será un mayor garante de conseguir altas prestaciones en el rendimiento de dicho deporte. A este respecto Sosniak, cit. por Côté, Baker y Abernethy (2003), afirma que *todo lo que haga el aprendiz, cuánto haga y cómo lo haga son variables más importantes que el tiempo absoluto que dedique a la actividad.* O lo que es lo mismo, *el desarrollo deportivo de dos atletas puede variar a causa de diferentes oportunidades de aprendizaje, por el método de enseñanza y aprendizaje seguido y por factores motivacionales hacia la actividad de aprendizaje. Diferencias en una única experiencia durante la infancia pueden dar lugar a grandes diferencias en los atletas de élite en la motivación hacia la práctica, el tipo de habilidades adquiridas, así como el nivel de habilidades excepcionales desarrolladas* (Côté, Baker y Abernethy, 2003). En definitiva, en base a lo expuesto por estos autores, si bien el tiempo de dedicación a la actividad es importante, lo es mucho más la calidad de ese tiempo y la significatividad de las experiencias y aprendizajes adquiridos en él.

Aunque son muchos los autores que han realizado clasificaciones o evoluciones de las diferentes fases por las que ha de pasar un niño a lo largo de su etapa de iniciación deportiva, los estudios con base empírica que se han dedicado a ello no son muy abundantes, por lo cual nos vamos a apoyar en la realizada por Bloom (1985) y la propuesta por Côté (1999), ambas basadas en experiencias con chicos y chicas de diferentes edades y la segunda de ellas presentada como extensión o ampliación de la primera.

Para Bloom (1985), las fases de aprendizaje deportivo son tres, una de *Edad Temprana* (early years), otra de *Edad Intermedia (middle years)*, y una final de *Edad Tardía (later years)*. Estas fases son llamadas por Côté (1999) como *Edad de ejemplificación, de especialización y de inversión*, respectivamente. Las características de estas fases las recogemos en la siguiente tabla 4.

Bloom (1985)	Côté (1999)	EDADES	CARACTERÍSTICAS
Edad Temprana (Early years)	Edad de ejemplificación (Sampling years).	6-12	• Los chicos habrán de practicar una gran variedad de actividades y desarrollar las habilidades motrices fundamentales, tales como carrera, salto y lanzamiento. • La base de esta etapa han de ser las experiencias divertidas a través del deporte.
Edad Media (Middle years)	Edad de especialización (specializing years)	13-15	• Los chicos han de centrarse en una o dos especialidades deportivas. • La diversión ha de seguir siendo el aspecto central de las experiencias deportivas. • El desarrollo específico ya es una parte importante de la implicación deportiva de los chicos. • Los chicos buscan actividades en las que obtengan experiencias positivas con los entrenadores, alentadas por hermanos mayores, éxito, o simplemente diversión.
Edad Tardía (Later years)	Edad de Inversión (Investment years).	16+	• Los aspectos estratégicos, competitivos y el desarrollo de habilidades características del deporte son los aspectos más importantes de esta etapa. • Se pasa de una etapa caracterizada y dominada por el juego, a una supremacía de la práctica deliberada.

Tabla 4. Etapas en el aprendizaje deportivo. Bloom (1985) y Côté (1999).

Las principales diferencias que encontramos entre las propuestas de los dos autores anteriores son, según Côté, Baker y Abernethy (2003), que si bien la de Bloom se base en entrevistas a 120 sujetos que han alcanzado altas prestaciones en diferentes profesiones, de la ciencia, el arte y el deporte, la de Côté se centra en entrevistas cualitativas realizadas a deportistas juniors de élite de tenis y remo. Y, por otro lado, la propuesta de Côté establece unos rangos de edad basados en la Teoría General del Desarrollo Infantil apoyada en los estudios de Piaget (1969) y Vygotsky (1978). En definitiva, las etapas de participación deportiva están basadas en el trabajo original de Blomm (1995), pero se añaden dimensiones específicas del deporte que pueden ser testadas por su validación científica.

Por último, nos parece interesante hacer referencia al estudio de Silva, Fernandes y Celan (2001), en el que se centran en el estudio de las edades de iniciación en diferentes especialidades deportivas y señalan que las investigaciones referentes a este aspecto, además de ser escasas, arrojan una gran variabilidad entre unas y otras, no encontrándose uniformidad en torno a una edad adecuada para el inicio de la práctica sistemática de un deporte. En este estudio, los autores entrevistaron a 93 entrenadores de 10 modalidades deportivas. Los resultados obtenidos indicaban que la edad elegida por los entrenadores para el inicio de la práctica deportiva sistemática en deportes individuales era entre los 8-12 años, mientras que en los deportes colectivos se situaba entre los 8-14 años, si bien el 74% de los entrenadores de estas últimas modalidades señalaban la edad entre los 9-12 años como la más adecuada. En el caso del fútbol, los resultados que obtuvieron señalaban diferencias entre la edad de iniciación ideal y la que realmente se está llevando a cabo, como podemos ver en la tabla 5.

EDAD	ELECCIÓN DE LOS ENTRENADORES	
	IDEAL	REAL
5-6	3	2
7-8	1	3
9-10	3	2
11-12	2	3
13-14	1	0
Otras	0	0

Tabla. 5. Edad de Iniciación a la práctica sistemática del fútbol.

Comparación entre edad ideal y real. Silva, Fernandes y Celan. (2001).

Esta diferencia de criterios no es exclusiva de esta investigación, pues, como hemos reseñado anteriormente, es difícil encontrar un criterio único entre los diferentes autores revisados. De este modo, Filin (1996) y Bompa (1988), hablan de la edad de 10-12 años como la ideal para el comienzo de la práctica sistemática, mientras que Sobral (1994) la señala entre los 12-14 años. Lo que si parece claro es que la iniciación deportiva, independientemente del deporte en que nos ubiquemos, ha de ir precedida de una etapa basada en el desarrollo de habilidades básicas y la ampliación del repertorio y bagaje motriz del niño, lo cual está en la línea de lo expresado por Diem (1979), cuando habla de que la iniciación deportiva a los deportes colectivos puede verse favorecida por un comienzo mucho anterior mediante actividades facilitadoras basadas en juegos y procesos grupales. En este sentido, la mayoría de los autores revisados incluyen esta fase antes de la iniciación específica o más centrada en el fútbol y sitúan esta edad cercana a los 10 años, como vemos en la siguiente tabla 6.

AUTOR	EDAD DE INICIACIÓN SISTEMÁTICA AL FÚTBOL
Martens (1989)	Edad mínima en torno a los 6 años. Edad Media de comienzo alrededor de los 10 años.
Bompa (1988)	10-12 años.
Leali (1994)	10-12 años.
Raya, Fradua y Pino (1993)	9-10 años.
Sobral (1994)	12-14 años.
Wein (1995)	Generalmente a partir de los 8 años, pero más específicamente a partir de los 9-10.
Filin (1996)	10-12 años.
Romero (1997)	10-12 años.
Lapresa, Arana, Carazo y De León (1999)	10-11 años.
Benedek (2001)	7-10 años.
Frankl (2005)	9-11 años.

Tabla 6. Edades de Iniciación al fútbol.

En la anterior tabla, las edades mostradas se corresponden al momento en que los autores reseñados, dentro de las propuestas que realizan, consideran cual es el momento oportuno para una iniciación más centrada o específica en el fútbol. Es por ello que en esas propuestas, las cuales vamos a mostrar a continuación, se pueden observar etapas anteriores dentro de la progresión de enseñanza del fútbol.

En las propuestas que vamos a incluir a partir de este momento, hemos de recalcar nuevamente la gran disparidad de criterios existente, lo cual lo podemos alegar a la falta de estudios e investigaciones referentes al tema (Morris, 2000).

Frankl (2005)[13] habla de tres fases en la enseñanza del fútbol, una fase que denomina *informal*, que va desde los 5 a los 8 años, una intermedia, de-

---

[13] Página de D. Frankl. (Kids first soccer). Visitado [10-02-2006]. Disponible en la World Wide Web: http://kidsfirstsoccer.com..

nominada fundamental, que va desde los 9 a los 13 años y una final que va desde los 14 a los 18 años. Cada una de estas fases se subdivide en dos subfases. La estructura que plantea este autor la recogemos en la siguiente tabla 7.

FASE	AÑOS	OBJETIVOS GENERALES	EXPERIENCIAS DE APRENDIZAJE
INFORMAL I	5-6	- Divertirse y desarrollar las habilidades motrices básicas y las implicadas en el fútbol (como por ejemplo la manipulación del balón con las manos y los pies). - Usar equipamientos y espacios modificados.	- Control del balón en espacios amplios. - Fundamentos para atrapar el balón y chutarlo. - Juegos reducidos de 2vs2 a 5vs5. - Practicar las habilidades de portero, pero no incluirlo en los partidos.
INFORMAL II	7-8		
FUNDAMENTAL I	9-11	- Divertirse y afianzar las habilidades básicas e introducir en los fundamentos del trabajo de equipo. - Desarrollar con gran énfasis los componentes asociados al ejercicio físico saludable. - Promover la seguridad y el control en la modificación y utilización de instalaciones y equipamientos.	- Control rápido de movimientos con balón y adversarios. - Todos los jugadores se implican en el trabajo ofensivo y defensivo del equipo. - Terrenos de juego con dimensiones correspondientes a la mitad del oficial. Equipos de 7vs7 a 9vs9. Incluyendo portero.
FUNDAMENTAL II	12-13		
FORMAL I	14-16	- Divertirse y avanzar en la maestría de habilidades y tácticas de juego. - Experimentarse en diferentes posiciones ofensivas y defensivas. - Enfatizar en el manejo de la presión y el desarrollo personal.	- - Control del balón bajo presión. - Juego de equipo. - Conocimiento estratégico y comprensión del juego. - 11vs11 y dimensiones del terreno de juego oficiales.
FORMAL II	17-18		

Tabla 7. Progresión del desarrollo del jugador (Frankl, 2005)

Wein (1995), por su parte, habla de cinco fases en lo que viene a llamar *Modelo para la formación del jugador de fútbol: de acciones simples e individuales a juegos complejos y colectivos*. En la tabla 8 mostramos los elementos básicos de la progresión que propone este autor.

NIVEL	EDADES	CONTENIDOS	JUEGOS BASE
1º NIVEL DE FORMACIÓN	Generalmente a partir de 7 años	Juegos de habilidades y capacidades básicas.	- Malabarismos. - Conducción y persecución. - Control, pase y tiro a portería. - Laberintos. - Juegos de entrada. - Juegos polivalentes. - Triatlón 2:2
2º NIVEL DE FORMACIÓN	Generalmente a partir de 8 años	Juegos para Minifútbol	- Juegos de habilidades y capacidades básicas. - Minifútbol: 3:0, 3:1, 3:2, 4:4 (con iniciación a portero). - Juegos simplificados 2:2 para corrección. - Triatlón 3:3.
3º NIVEL DE FORMACIÓN	Generalmente a partir de 10 años	Juegos para fútbol 7:7	- Juegos simplificados 3:3 para corrección. - Juegos para minifútbol. - Juegos de habilidades y capacidades básicas. - Fundamentación del portero. - Triatlón 4:4.
4º NIVEL DE FORMACIÓN	Generalmente a partir de 12 años	Juegos para fútbol 8:8 y 9:9	- Juegos para fútbol 7:7 - Programas formativos para la compenetración en ataque: - Juegos simplificados 4:4-5:5 para corrección. - Programas formativos para la compenetración en defensa. - 8:8 en las áreas del campo de fútbol 11 o en el campo completo de fútbol 7. - 9:9 en campo reglamentario con frecuentes sustituciones.
5º NIVEL DE FORMACIÓN	Generalmente a partir de 16 años	Fútbol 11:11	- Entrenamientos colectivos. - Entrenamiento individualizado según deficiencias del jugador o posición en el campo. - Fútbol 11:11.

Tabla 8. Modelo para la formación del jugador de fútbol (Wein, 1995).

Destaca la evolución en el número de jugadores de los partidos en las diferentes edades y la adaptación de los terrenos de juego, así como que todo el planteamiento es en base a juegos, buscando la motivación de los jugadores.

Por su parte, Leali (1994) presenta la siguiente evolución (Tabla 9), que va desde la iniciación al perfeccionamiento deportivo.

ETAPA	EDAD	CARACTERÍSTICAS DE LA ETAPA
Etapa de preparación preliminar	8-10	• El contenido fundamental de la etapa ha de ser el juego, no limitándose exclusivamente al fútbol, sino atendiendo a una base genérica lo más amplia posible, con el fin de desarrollar un gran número de habilidades motrices. • No se debe generar en los alumnos estereotipos motores limitados. • La proporción de preparación general ha de ser de un 70%, respecto al 30% de la específica. • No hemos de utilizar ejercicios analíticos, pues las capacidad de atención y concentración de los jugadores es limitada. • Partidos de 7:7 u 8:8, con reducción de las dimensiones del terreno de juego, balón, porterías, tiempo de juego, etc.
Etapa de especialización deportiva inicial.	10-12	• El juego debe ser aún la parte fundamental del trabajo, aunque se pueden empezar a utilizar ejercicios analíticos. • La proporción de preparación general ha de ser de un 60%, respecto al 40% de la específica. La pretensión sigue siendo una preparación multilateral aunque con un sesgo más especializado. • Se ha de asegurar el dominio de las habilidades técnicas básicas del fútbol.
Etapa de especialización profundizada	12-14	• El entrenador ha de ser consciente de los problemas de adaptación de los jugadores a su "nuevo cuerpo" y a las transformaciones que éste está sufriendo. • Habrá que desarrollar las habilidades mediante situaciones de juego, buscando una mayor especialización, que en esta etapa ha de alcanzar el mismo porcentaje de trabajo que el ámbito general, es decir el 50%
Etapa de perfeccionamiento deportivo	14-16	•*Es el período de búsqueda metódica de la perfección de los movimientos técnicos y del conocimiento del sentido táctico para sumarse a un juego colectivo en su totalidad y variantes.* •Se empieza a acentuar la especialización posicional en el juego, sin llegar a una sola ubicación. •El trabajo habrá de desarrollarse en forma de "técnica aplicada", es decir mediante lances reales del juego. •El trabajo específico ya supera al general, en una proporción de 60% para el primero y 40% para el segundo.

Tabla 9. Etapas de la Preparación Juvenil (Leali, 1994).

Leali también habla de que a partir de los 16 años el trabajo específico ha de ocupar el 70% del total del realizado. Igualmente, establece unas recomendaciones básicas en torno al número de sesiones semanales y al reparto de las mismas, las cuales las mostramos en la siguiente tabla 10.

Contenidos de la carga de entrenamiento según las etapas							
Edad	Por semana		Unidades		Contenidos por sesión/minutos		
	Días	Sesiones	Min.	Min/semana	Generales	Específicos técnica	Fútbol juego
8-10	2	2	60	120	40	5	15
10-12	3	3	60	180	35	10	15
12-14	3	3	90	270	45	30	15
14-16	4	4	90	360	35	40	15

Tabla 10. Contenidos de la carga de entrenamiento según etapas (Leali, 1994:97)

Otra de las progresiones de enseñanza en la iniciación al fútbol es la establecida por Benedek (2001) que, como mostramos en la tabla 11., habla de tres etapas. Este autor señala la importancia de diferenciar el trabajo en el fútbol base del adecuado para el alto rendimiento, rechazando la reproducción de los procesos de entrenamiento de este último. Para él, la etapa de entrenamiento de base va desde los 8 a los 14 años, y dentro de la misma es conveniente establecer objetivos por etapas, pues, como bien señala, los niños de 8 años no tienen nada que ver con los de 14.

ETAPA	EDAD	CARACTERÍSTICAS DE LA ETAPA	
Etapa de familiarización con el balón	4-6	• Manejo muy variado del balón en forma lúdica. • Formas competitivas básicas como fomento de la motivación. • Idoneidad de las actividades por parejas y juegos sencillos para estas edades.	
La fase de preparación	7-10	• La base del trabajo ha de seguir siendo el juego. • Desarrollar los fundamentos básicos para jugar al fútbol. • Agrupamientos pequeños y juegos reducidos.	
La fase de consolidación	10-14	10-12	• Aprendizaje y mejora consciente de los fundamentos básicos del fútbol, asegurando un comportamiento correcto y respeto con compañeros y adversarios. • Aplicar lo aprendido en la competición.
		12-14	• Las características de esta fase son la formación técnico-táctica específica así como la preparación física especial básica. • Perfeccionar los elementos técnicos y la aplicación de los mismos al juego. • Tener presente el cambio morfológico y psicológico de esta edad.

Tabla 11. Etapas de formación básica (Benedek, 2001).

Una de las progresiones más conocidas y valoradas es la realizada por Garganta y Pinto (1998) (Tabla 12.), adaptando la realizada por Dugrand (1989). Una de las características más importantes de esta progresión en la enseñanza del fútbol es el hecho de que no establecen etapas cronológicas concretas, debido a que cada niño puede presentar y, de hecho presenta, un ritmo y proceso evolutivo y madurativo diferente. Por lo tanto, las diferentes fases de enseñanza no han de ser cerradas por la edad cronológica, sino por el desarrollo que demuestren los jugadores (Lyon, 2001; Malina, 2001; Hayes, 2003; Wein, 2005)

FASES	CARACTERÍSTICAS DE LA ETAPA
1. Construir la relación con el balón	• El jugador habrá de familiarizarse con el balón, aprendiendo a controlarlo y apreciar sus trayectorias. • Utilizará todas las partes del cuerpo posibles y trabajará el equilibrio y dominio corporal que le permita manejar el balón y las trayectorias del mismo. • Habrá de intentar manejar el balón y percatarse de aspectos que suceden alrededor, no centrando la atención con exclusividad en aquel.
2. Construir la presencia de las metas	• A nivel ofensivo, comenzar a desarrollar el equilibrio entre el juego directo e indirecto. Los jugadores, sin perder de vista que el objetivo principal del juego es marcar gol, deben comprender que el juego directo y vertical no siempre es el más eficiente, y han de buscar soluciones para mantener la posesión, progresar y afianzar la seguridad de la posesión. • A nivel defensivo se busca que los jugadores no se aglutinen en torno al balón, buscando una defensa extendida.
3. Construir la presencia de adversario	• A nivel ofensivo se pretende mejorar el control de balón y ampliar el campo perceptivo del jugador, así como la capacidad para mantener la posesión del balón y afrontar duelos, primordialmente 1:1. • A nivel defensivo se busca desarrollar la capacidad de orientación y la utilización de los apoyos para encarar al atacante, pasando primero por el marcaje individual para ir evolucionando al zonal.
4. Construir la presencia de los compañeros y los adversarios	• A nivel ofensivo, se pretende pasar del juego individual al colectivo, partiendo del juego a 2, considerado por Corbeau (1990) como la base de los juegos deportivos colectivos, al juego a 3, donde se amplían las posibilidades de líneas de pase, coberturas, desmarques, etc. • A nivel defensivo se pretende que los jugadores configuren un sistema defensivo más compacto, acortando las distancias entre ellos y posibilitando así la eliminación de líneas de pase del rival o la realización de coberturas.
5. Desenvolver las nociones espacio-temporales	• Hay que desarrollar las habilidades de los defensas para provocar el contacto y duelo con los rivales, eliminado la posibilidad de ocupación espacial por parte de estos. Por su parte, los atacantes habrán de evitar los duelos y ocupar espacios donde no haya presencia de defensas.

Tabla 12. Fases de la enseñanza del fútbol (Garganta y Pinto, 1998, adaptado de Dugrand 1989).

Basada en la propuesta anterior, pero dedicada con exclusividad a la progresión de enseñanza del fútbol a 7, nos encontramos la propuesta que realiza Pacheco (2004). Este autor destaca la necesidad de que se estructure la enseñanza del fútbol en diferentes etapas, con objetivos y contenidos propios de las mismas y que se adapten a las características evolutivas del momento de desarrollo en que se encuentre el niño. Debido a que los objetivos de las etapas planteadas por este autor son muy parecidas a las establecidas por Garganta y Pinto (1994), que ya hemos recogido anteriormente, sólo vamos a mostrar las diferentes fases que recoge y el objetivo que al autor considera primordial en las mismas (Tabla 13).

ETAPAS	OBJETIVO PRINCIPAL
1. Relación del jugador con el balón: el balón y yo.	Obtener el dominio del balón y el equilibrio del cuerpo.
2. Relación del jugador con el balón y la portería: yo, el balón y la portería.	Construir la noción de la existencia y de la función de las porterías.
3. Relación del jugador con el balón, con la portería y con el adversario: el duelo (1:1).	Construir la noción de la presencia del adversario privilegiando las situaciones de 1:1.
4. Relación del jugador con el balón, con la portería, con el compañero y con el adversario: el juego a 2.	Crear el hábito de desplazarse y de estar constantemente en movimiento para pasar y recibir el balón, privilegiando el juego a dos.
5. Relación del jugador con el balón, con la portería, con los compañeros y con los adversarios: el juego a 3.	Jugar con los compañeros, progresando sobre el terreno y teniendo una ocupación racional del espacio de juego.
6. Relación del jugador con el balón, con la portería, con los adversarios y con el equipo: el juego a 7.	Desarrollar las tareas y las funciones del juego en equipo en los procesos ofensivos y defensivos, ocupando racionalmente el espacio de juego.

Tabla 13. Progresión de enseñanza en el fútbol-7 (Pacheco, 2004).

Otra propuesta con ciertos caracteres similares a la de Garganta y Pinto (1998) y, por ende a la de Pacheco (2004), es la ofrecida por Ardá y Casal (2003), los cuales introducen cinco etapas que recogemos en la tabla 14.

FASES	OBJETIVO PRINCIPAL
Práctica de competición en formato de fútbol a 5	
I. Construcción de la relación con el balón y construcción del juego colectivo básico.	- Familiarización con el juego y sus fases, y especialmente con el balón.
Práctica de competición en formato de fútbol a 7	
II. Construcción del juego en presencia de compañeros y adversarios.	- Se pretende que el jugador sepa resolver las situaciones de 1:1, tanto a nivel ofensivo como defensivo. - Se inicia la elaboración del juego ofensivo. - Marcaje al hombre,
III. Construcción del juego en presencia de compañeros y adversarios.	- Juego defensivo que pasa del marcaje individual a la búsqueda de ayudas defensivas e iniciación a la defensa en zona. - Fomento de la utilización de situaciones de juego de 2:1, 2:2 y 3:3 a nivel ofensivo.
Práctica de competición en formato de fútbol a 11	
IV. Construcción del juego de un equipo contra el equipo contrario en el centro del juego.	- Se busca el desarrollo del juego colectivo sobre el individual, así como del aspecto táctico-estratégico y sobre el sistema de juego.
V. De la enseñanza de la construcción del juego entre once.	- Se juega en base al equipo. - Circulación del balón en base a un proyecto colectivo. - Juego intencionado tanto en ataque como en defensa. - Gestión racional del espacio de juego a nivel ofensivo y defensivo.

Tabla 14. *Fase en el proceso de enseñanza y aprendizaje del fútbol* (Ardá y Casal, 2003).

Romero (1997) introduce una progresión en la enseñanza del fútbol estableciendo, en primer lugar, tres etapas de formación, para, posteriormente, realizar una progresión de enseñanza que lleve al jugador del juego a la práctica del fútbol. Exponemos a continuación este modelo de progresión (Tabla 15).

ETAPAS	EDAD	CARACTERÍSTICAS DE LA ETAPA
FASE DE PREPARACIÓN	8-10	• Es la fase de los aprendizajes básicos. Esto nos llevara a mejorar las capacidades perceptivas, coordinativas y habilidades motrices básicas, creando una base de movimiento, para asentar en ella cualquier exigencia posterior. • Se pretende una gran variedad de actividades motrices con un carácter lúdico. Acercamiento a las formas elementales del fútbol y de estrategias de resolución. Se va de los juegos genéricos, a los pre-deportivos y a los deportes reducidos.
FASE DE INSTAURACIÓN	10-12	• Es la fase en que se utilizan los elementos fundamentales constitutivos del fútbol, a través de una enseñanza global, pero orientada hacia el aprendizaje técnico-táctico de forma concreta. Es el momento de los aprendizajes de las habilidades motrices específicas del fútbol, dada la facilidad con que el niño aprende (gran capacidad de excitabilidad nerviosa). • Se deben utilizar estrategias globales con polarización de la atención y con modificación de la situación real (deporte adaptado) y resolución de problemas motores. Se realiza el trabajo grupal de cooperación y oposición. • La actividad competitiva empieza a ser importante, aunque no debemos olvidar el aspecto educativo.
FASE DE DESARROLLO	13-15	• Pretendemos la búsqueda de hábitos y destrezas permanentes de la práctica del fútbol. Hay que realizar un desarrollo cuidadoso de la condición física y de las acciones técnico-tácticas (cambios estructurales, funcionales y psíquicos -pubertad-). Importancia de realizar un tratamiento que no rompa y desequilibre al joven. Se empieza a buscar las funciones tácticas y estratégicas de ataque y defensa a escala individual y colectiva.

Tabla 15. Etapas en la enseñanza del fútbol (Romero, 1997).

Romero (1997), además de la anterior progresión, realiza un planteamiento de evolución en base al juego, desde el juego simple hasta la práctica del fútbol convencional. Este autor señala que podemos entender el juego como un medio atractivo de iniciar a los escolares en el fútbol, de desarrollar determinadas capacidades y habilidades motoras y de conformar estrategias de resolución motriz (técnica y táctica), e incluso, alude al juego como el camino más idóneo para el aprendizaje y la práctica del deporte. Las fases a las que el último autor citado se refiere, en la progresión de la enseñanza del fútbol en base al juego, son las que recogemos en la siguiente tabla 16.

FASE	CARACTERÍSTICAS DE LA ETAPA
JUEGO SIMPLE	Actividad lúdico-motriz: corta duración, reglas simples, sin grandes exigencias físicas y de desarrollo. Aspectos básicos del movimiento.
JUEGO COLECTIVO GENÉRICO	Mayor duración y algo más de exigencia, reglas para el desarrollo del juego y se da algo de cooperación. No hay rigidez de espacio, acciones y tiempo. Desarrollo de habilidades genéricas (bote, regate,...), sirviendo de base a distintos deportes. Se pretende experiencia variada y genérica.
JUEGO PREDEPORTIVO	Orientado a la iniciación de las habilidades específicas del fútbol, como son los aspectos de acción de juego (técnicos y tácticos). Reglas en función de objetivos. Puente entre el juego y el deporte (fútbol). Aspectos atrayentes del fútbol.
FÚTBOL REDUCIDO (fútbol a 5→Fútbol a 7)	Es aquel que se ha adaptado del fútbol 11, para facilitar la práctica y el aprendizaje de los niños. El fútbol es propio de los mayores, no existiendo equilibrio en los niños en su práctica si se hace de forma convencional. El fútbol reducido no pierde la esencia del fútbol 11 si su práctica se realiza en función de las posibilidades y capacidades de los niños. Existe una adaptación en cuanto al reglamento, el espacio, el balón, el tiempo y el número de participantes. Importancia de seguir el proceso (5-->7-->11).
FÚTBOL CONVENCIONAL	Para la práctica de los niños y las niñas supone: - Grandes exigencias en cuanto a condición física, habilidad técnica y acciones tácticas y estratégicas. - Reglas estrictas y complicadas. - Espacio, tiempo, balón, número de jugadores determinados. - La competición como característica predominante.

Tabla 16. Evolución desde el juego simple a al fútbol convencional. Romero (1997).

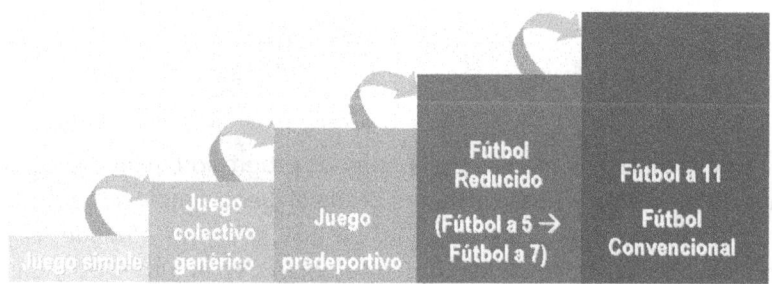

Figura 2. Evolución desde el juego simple a al fútbol convencional. Romero (1997).

Otra aportación muy interesante es la realizada por Lapresa, Arana, Carazo y Ponce (1999), que constituye una propuesta de *programación longitudinal de la vida deportiva del jugador de fútbol* y que guarda cierta similitud con la de Romero (1997). En ella pasan por etapas que van desde la iniciación hasta la inclusión del jugador en la esfera del alto rendimiento. Los aspectos más destacados de esta propuesta los mostramos en la tabla 17.

ETAPA	FASE	CATEGORÍA	CARACTERÍSTICAS DE LA ETAPA
INICIACIÓN	Iniciación Psicomotora	Aspirante o Prebenjamín	Trabajo de capacidades perceptivo-motrices que permitan al niño llegar a un conocimiento de su propio cuerpo y del entorno próximo que le rodea.
	Iniciación Multilateral	Benjamín	Trabajo de habilidades básicas.
	Iniciación Específica	Alevín	Adaptación a las situaciones y requisitos concretos del fútbol. Trabajo de coordinación específica de las habilidades propias del fútbol.
PREPARACIÓN	Se busca ya una especialización en los diversos aspectos concretos del fútbol. No se debe encasillar al jugador en una determinada demarcación.		
	Perfeccionamiento	Infantil	Afianzamiento de los fundamentos y acciones específicas del fútbol.
	Readaptación	Cadete	Atender al desajuste corporal por el rápido crecimiento. Comienzo de la preparación física específica.
DESARROLLO	Se busca la consecución de un alto nivel de ejecución física, técnica y táctica.		
	Tecnificación	Juvenil (1º y 2º año)	Se busca la eficacia en el desempeño del juego de los fundamentos físicos, técnicos y tácticos ya dominados.
TRANSICIÓN AL ALTO RENDIMIENTO	Se busca el máximo nivel de eficacia, tanto en el plano individual como colectivo.		
	Rendimiento	Juvenil (3º año)	Potenciación de los recursos que permiten un óptimo rendimiento.

Tabla 17. *Programación Longitudinal de la vida deportiva del jugador de fútbol.* Lapresa, Arana, Carazo y Ponce (1999).

En la anterior propuesta destaca la división de la etapa de iniciación en tres fases diferentes, y sólo en la última se habla de iniciación específica al fútbol, correspondiéndose con las edades propias de la categoría alevín, es decir, 10-11 años.

En última instancia, Brüggemann (2004) divide las fases en la enseñanza del fútbol en base a las categorías federativas, es decir, prebenjamines, benjamines, alevines, infantiles, cadetes y juveniles.

A modo de resumen, tras todas las propuestas recogidas anteriormente, podemos resaltar la inexistencia de un criterio único entre los autores revisados, aunque, todos guardan similitudes entre ellos. En este sentido, los aspectos en los que los autores coinciden son los que incluimos en la tabla 18.

Necesidad de adaptación de los procesos de enseñanza-aprendizaje del fútbol a las diferentes etapas evolutivas por las que pasan los jugadores. Ahora bien, estas etapas no coinciden entre los diversos autores, siendo muy diferentes entre ellos.
Todos parten de la necesidad de un trabajo genérico en un principio, especialmente las propuestas de Wein (1995), Romero (1997) y Lapresa, Arana, Ponce y De León (1999), que hablan de la necesidad de un trabajo de habilidades básicas antes del desarrollo de las específicas.
Todos los autores coinciden en la importancia del trabajo en base a juegos, destacando en este sentido las propuestas de Wein (1995) y especialmente la de Romero (1997), mostrando una evolución desde el juego simple hasta la práctica del juego convencional.
En general se muestra la importancia de una fase inicial de familiarización con el balón. Destaca el planteamiento de Garganta y Pinto (1994), que señalan la importancia de que esta familiarización con el balón no se centre en las superficies de contacto propias del fútbol, sino de todas las partes y superficies corporales posibles, pues de esta manera se fomentará una buena base perceptivo-motriz.
Son muy interesantes las aportaciones de Garganta (1994), Wein (1995), Pacheco (2004) y Romero (1997), éste último en la propuesta de evolución de la enseñanza en base al juego. Todos estos autores reseñan la importancia de no delimitar las etapas cronológicamente, como se ha hecho tradicionalmente, sino de hablar de fases en las cuales los jugadores entren o salgan en función de su desarrollo y maduración y no por su edad. Aspectos que destacan en sus investigaciones y trabajos Lyon (2001), Malina (2001) y Hayes (2003).

Tabla 18. Aspectos coincidentes en las diferentes progresiones recogidas.

1.4. EL ENTRENADOR EN EL FÚTBOL BASE.

Al igual que hicimos en el apartado referido a la iniciación deportiva en el fútbol, en este momento habremos de determinar lo que entendemos por entrenador.

La visión tradicional del entrenador o técnico deportivo, es reflejada por la definición de la Real Academia de la Lengua Española (2001), como *persona que entrena*, y, a su vez, entiende por entrenar como *preparar, adiestrar, personas o animales, especialmente para la práctica de un deporte*, que también han hecho suya (Morales y Guzmán, 2000) o la expresada por el Diccionario de Ciencias del Deporte (1992), que habla del entrenador como *la persona que dirige el entrenamiento y la competición. Además de los conocimientos y las capacidades necesarias para todo profesor de Educación Física y Deportes, el entrenador debe poseer conocimientos específicos de su especialidad (disciplina deportiva) y, sobre todo, de teoría del entrenamiento. Normalmente la base para ello es, junto a la formación apropiada, una experiencia personal del entrenamiento y la competición*.

La anterior concepción choca con una visión más globalizadora, que entiende la figura del entrenador como un agente que actúa dentro de un proceso de enseñanza-aprendizaje, cuyo único objetivo no es la mejora del rendimiento de sus jugadores. En este sentido, nos encontramos la expresada por Koch (1998:75), que se refiere al entrenador como un profesor, *especialmente formado, que dirige la evolución del equipo hacia el colectivo, entrena a los jugadores, los prepara para competiciones, cuidándose de ellos durante los mismos y que, además, se encargará y solucionará muchas tareas organizativas. El entrenador tiene un papel decisivo para el desarrollo del rendimiento que implica una cooperación con otros responsables y que afecta esencialmente al desarrollo de la personalidad de los jugadores*. Este planteamiento es acorde con los de Roger (1972), Karolczak (1972), Díaz García (1992), Krause (1994), Sánchez Bañuelos (1996), Morcillo (2003) y Romero (2005), que argumentan la necesidad de que los entrenadores vayan más allá de la mera práctica del fútbol y apunten hacia la mejora de la formación personal y deportiva de los jugadores. Para ello no han de centrarse exclusivamente en aspectos meramente técnicos o deportivos buscando resultados a corto plazo, como señalan Davids, Less y Burwitz (2000). Por su parte, Lyon (2000) habla de la necesidad de que el entrenador preste más atención a la dedicación y esfuerzo de los jugadores en la adquisición y desarrollo de habilidades y hacer la selección, llegado el caso, en base a esto, y no centrarse con tanta exclusividad en sus victorias y derrotas.

Como complemento a lo anterior podemos hacer referencia a las aportaciones de Sage y Barber (cit. por Alemán y col., 1996: 520) que señalan que *la transmisión de valores es un importante componente del proceso social por lo que el entrenador juega un importante papel como modelo para los deportistas jóvenes.* La concepción ofrecida por estos autores es concorde con los planteamientos de la U.E.F.A. (2005:8), que viene a señalar que los *buenos entrenadores han de estar abiertos a conocer a sus chicos en aspectos que vayan más allá del fútbol.* Y, aunque en el ámbito de otro deporte, la Bristish Canoe Union[14] alude que el concepto de entrenador se basa en un trabajo activo de provisión de oportunidades para el desarrollo personal dentro de la práctica deportiva.

En este sentido, en nuestro país, desde la entrada en vigor del R.D. 1913/197, de 19 de Diciembre, por el cual se otorga la consideración de enseñanzas de régimen especial a aquellas que conducen a la obtención de los títulos de técnicos deportivos reflejados en la Ley del Deporte (10/1990, de 15 de Octubre), la consideración en torno a la figura del entrenador tradicional encuentra el camino para ir respondiendo a las características, necesidades, funciones, competencias y perfil profesional que desde una visión más globalizadora han resaltado los autores que con anterioridad hemos nombrado.

Trasladando lo anterior al caso específico del fútbol, se publica el R.D. 320/2000, de 3 de Marzo, por el que se establecen los títulos de Técnico Deportivo y Técnico Deportivo superior en las especialidades de fútbol y fútbol sala, aprobándose las correspondientes enseñanzas mínimas, así como regulando las pruebas y los requisitos de acceso a estas enseñanzas. Según este Real Decreto, en su artículo 3, la finalidad de las enseñanzas consiste en *proporcionar a los alumnos la formación necesaria para:*

- *garantizar su competencia técnica y profesional en la correspondiente especialidad del fútbol y una madurez profesional motivadora de futuros aprendizajes y adaptaciones al cambio de las cualificaciones.*
- *Comprender las características y la organización de su modalidad deportiva y conocer los derechos y obligaciones que se derivan de sus funciones.*
- *Adquirir los conocimientos y habilidades necesarios para desarrollar su labor en condiciones de seguridad.*

---

[14] Página de The Bristish Canoe Union. Visitado [15-02-2006]. Disponible en la World Wide Web: http://bcu.org.uk

Como podemos comprobar, se realza el conocimiento técnico y el desempeño profesional basado en el anterior, destacándose la seguridad en el trabajo. Ahora bien, en estas finalidades generales no se hace mención al conocimiento de las personas que van a ser partícipes en los procesos de enseñanza-aprendizaje y entrenamiento, es decir, los jugadores, o, en nuestro caso particular, los niños y niñas en formación. Podemos relacionar lo anterior con las aportaciones de Malina (2001) que realiza una serie de sugerencias a los entrenadores de categorías inferiores, resaltando que los adolescentes precisan que se les asegure que son iguales a sus compañeros o que no presentan ningún tipo de problemas en sus actuaciones y desarrollo. Esta necesidad es muy acusada en los jóvenes jugadores, principalmente en la etapa adolescente y épocas cercanas a la misma, pues éstos son muy sensibles con respecto a su crecimiento y maduración. Por ello este autor destaca la necesidad de que el entrenador tenga un exhaustivo conocimiento de los procesos madurativos y de crecimiento de los chicos, sabiendo actuar en estos momentos críticos que conforman su futura personalidad y la aceptación de sus caracteres. Igualmente, enfatiza la necesidad de conocer los períodos en que el desarrollo de habilidades y de cualidades se estancará debido al crecimiento y por ello habla de la inoportunidad de realizar procesos selectivos en esos momentos. Igualmente señala que el entrenador habrá de tener especial cuidado con la atención y comentarios a los cambios corporales que están sufriendo los jugadores, y, especialmente las jugadoras, en estas edades, y prestar mucha atención a sus costumbres alimenticias.

Con las anteriores aportaciones, podemos ver la importancia que, para un entrenador, tiene el hecho de poseer una formación acorde con la labor que ha de desempeñar, dentro de ese perfil humanista que destacaban Díaz García (1992), Sánchez Bañuelos (1996), Malina (2001), Lyon (2000), Morcillo (2003) o Romero (2005). *Es por ello que el entrenador de jóvenes futbolistas requiere un detallado conocimiento sobre el deporte, los chicos y el contexto dentro del cual va a trabajar. Además, los entrenadores eficientes saben como organizar este conocimiento dentro de una escala y secuencia de habilidades, estrategias y conceptos. Esto se torna imprescindible para designar la serie de objetivos a corto, medio y largo plazo en función a la edad y desarrollo de los chicos. (...) Esto constituye un continuo proceso que requiere un estudio regular, revisión y evaluación de sí mismo y otros entrenadores* (Stratton, 2001). Así, Giménez (2001: 166) se refiere a los entrenadores en la iniciación deportiva como *aquellos técnicos deportivos más o menos jóvenes que tienen entre sus principales objetivos formar a sus alumnos, facilitarles el desarrollo motriz mediante entrenamientos y competiciones en las destrezas básicas de la especialidad deportiva que practican, y utilizar el deporte como un medio educati-*

vo importante. Por todo ello, necesitan una correcta formación técnica y psico-pedagógica.

Entramos así en uno de los aspectos más espinosos dentro del tratamiento del entrenador en general y del fútbol base en particular. Pacheco (2004:17) manifiesta que el fútbol infantil y juvenil depende en gran medida de las personas aficionadas y sin formación específica, hecho que ha llevado a este tipo de fútbol a una atribución de escasa credibilidad y validez. Este hecho, muy discutido por muchos sectores relacionados con el estamento de los entrenadores, es admitido incluso por la U.E.F.A. (2003,2005), que reconoce la falta de formación en los entrenadores de fútbol base y, en las últimas iniciativas llevadas a cabo a este respecto, pretende la instauración de las bases o las líneas maestras del perfil de técnico de fútbol base. Para ello, destaca la necesidad de que los entrenadores tengan una formación adecuada y hayan alcanzando un nivel suficiente para las edades que antes señalábamos (UEFA, 2003:5; 2005:9). A tal respecto Williams y Hodges (2005) recalcan que las prácticas de los entrenadores están basadas en la tradición, intuición e imitación, y que se caracterizan por la ausencia de evidencias empíricas para su construcción. Esta falta de formación se refleja en los estudios de Stratton (2001), en los cuales se determinó que los entrenadores encuentran grandes dificultades para definir exactamente lo que ellos entrenan, refiriéndose casi con exclusividad a contenidos de trabajo o habilidades específicas como puede ser el pase, el desmarque, pero no viendo más allá o no planificando el trabajo y los procesos de enseñanza-aprendizaje en conjuntos lógicos que atiendan a una progresión en función de los alumnos a los que se dirige.

La falta de formación del entrenador o técnico deportivo ha sido bastante referida en investigaciones tales como las de Ibáñez (1996), Yagüe (1998) o Morcillo (2003), y todas apuntan a la necesidad de una formación más adecuada y ajustada a las necesidades de los jugadores y de la etapa formativa en la que se encuentran, pues, como señala Ibáñez (1997), en esta etapa hemos de orientarnos más hacia la formación que hacia el rendimiento. Es más, esta escasa formación influye igualmente en los propios entrenadores, llegando a producir lo que Maslach y Jackson (1981,1996), Horn (2001) y Saenz Tashman (2005) catalogan como síndrome de burnout en entrenadores de fútbol, cuando se asocia a los siguientes aspectos:

- Confieren enseñanza bajas en técnicas y skills (habilidades).
- Crean pocas prácticas competitivas.
- No crean una estructura de equipo.
- Proporcionan poco feedback y elogios o ánimos.

Volvemos en este momento a hacer referencia al marco legislativo de nuestro país. Como señalábamos con anterioridad, en un camino que comienza con la entrada en vigor de la Ley 10/1990, de 15 de Octubre, del deporte, que abría las puertas para considerar las enseñanzas deportivas como enseñanzas de carácter académico y que a través del R.D. 1913/1997 se consideran definitivamente como de Régimen Especial. Esto se ve reflejado en el R.D. 320/2000, de 3 de Marzo, específico de las enseñanzas conducentes a la obtención del título de Técnico Deportivo en Fútbol, y en el que se señala la vinculación de los mismos con el Ministerio de Educación, Cultura y Deporte. Será este Ministerio, y los órganos competentes de las Comunidades Autónomas que se encuentran en el pleno ejercicio de sus competencias en materia de educación, los que permitan a los centros impartir estos estudios, pudiendo estos ser públicos, pertenecientes al actual sistema educativo, como por ejemplo Institutos de Enseñanza Secundaria, o privados, para cuyo caso habrán de convertirse en centros autorizados por los anteriores organismos y cumplir las exigencias del Real Decreto. Este es el caso de nuestra comunidad, donde el Centro de Estudios, Desarrollo e Investigación del fútbol andaluz (C.E.D.I.F.A.), como órgano dependiente de la Federación Andaluza de Fútbol, se ha convertido en un centro autorizado para la enseñanza de los estudios conducentes a la obtención de los títulos de técnico deportivo en fútbol y fútbol-sala.

En el ámbito de la Comunidad Autónoma Andaluza es el Decreto 12/2004, de 20 de enero, el que establece el curriculum, los requisitos y pruebas específicas de acceso correspondiente a los Títulos de Técnico Deportivo y de Técnico Deportivo Superior de especialidades de Fútbol y Fútbol Sala.

La redacción de este decreto es una adaptación de la propuesta general realizada por la administración central a través del R.D. 320/2000, y, como veremos a continuación, si se encuentra más acorde con los planteamientos de Díaz (1992), Ibáñez (1997), Malina (2001), Stratton (2002) y Romero (2005), en los cuales se considera que el entrenador de fútbol en la iniciación, ahora técnico deportivo de primer nivel, ha de ir más allá del tratamiento específico del fútbol, asumiendo que se encuentra inmerso en procesos de enseñanza-aprendizaje y que trata con personas, como señala Antonelli (1982). A continuación recogemos las características que definen el primer nivel de técnico deportivo en fútbol, que es aquel que ha de desempeñar su labor en las etapas de iniciación deportiva al fútbol (Tabla 19).

PERFIL PROFESIONAL
El certificado de Primer Nivel de Técnico Deportivo en Fútbol acredita que su titular posee las competencias necesarias para realizar la iniciación al fútbol, así como para promocionar esta modalidad deportiva.

Tabla 19. Perfil Profesional del Técnico Deportivo de Primer Nivel. Decreto 12/2004

Este perfil profesional podrá ser desarrollado mediante la adquisición de una serie de competencias (Tabla 20):

UNIDADES DE COMPETENCIA
1- Instruir en los principios fundamentales de la técnica y la táctica del fútbol. 2- Conducir y acompañar al equipo durante la práctica deportiva. 3- Garantizar la seguridad de los deportistas y de las deportistas y aplicar en caso necesario los primeros auxilios.

Tabla 20. Unidades de Competencia del Perfil profesional del Técnico Deportivo en Fútbol de primer nivel. Decreto 12/2004.

La actuación del técnico deportivo habrá de ser llevada a cabo dentro de las anteriores unidades de competencia y en función, o poniendo en liza, una serie de capacidades profesionales, las cuales mostramos a continuación (Tabla 21).

CAPACIDADES PROFESIONALES
1- Realizar la enseñanza del fútbol, siguiendo los objetivos, los contenidos, recursos y métodos de evaluación, en función de la programación general de la actividad.
2- Educar a los alumnos sobre las técnicas y las tácticas básicas del fútbol, utilizando los equipamientos y materiales apropiados, demostrando los movimientos y los gestos según los modelos de referencia.
3- Evaluar a su nivel la progresión del aprendizaje, identificar los errores de ejecución técnica y táctica de los deportistas, sus causas y aplicar los métodos y medios necesarios para su corrección, preparándoles para las fases posteriores de tecnificación deportiva.
4- Seleccionar, preparar y supervisar el material de enseñanza.
5- Enseñar y hacer cumplir las normas básicas del reglamento del fútbol.
6- Motivar a los alumnos en el progreso técnico y la mejora de la condición física.
7- Trasmitir a los deportistas las normas, valores y contenidos éticos de la práctica deportiva.
8- Ejercer el control del grupo, cohesionando y dinamizando la actividad.
9- Detectar la información técnica relacionada con sus funciones profesionales.
10- Informar sobre la vestimenta adecuada para la práctica del fútbol.
11- Aplicar en caso necesario la asistencia de emergencia siguiendo los protocolos y pautas establecidas.
12- Controlar la disponibilidad de la asistencia sanitaria existente.
13- Organizar el traslado del enfermo o accidentado, en caso de urgencia, en condiciones de seguridad y empleando el sistema más adecuado a la lesión y nivel de gravedad.
14- Colaborar con los servicios de asistencia médica de la instalación deportiva.

Tabla 21. Capacidades profesionales del técnico deportivo de primer nivel. Decreto 12/2004.

El Decreto al que estamos haciendo referencia también contextualiza el ámbito de acción del técnico deportivo de primer nivel, siendo muy importante la redacción que realiza para nuestra experiencia, pues señala que éste ejercerá su actividad en el ámbito de la iniciación deportiva, excluyéndose la enseñanza del fútbol sala. Siempre y en todo caso actuará en el seno de un organismo público o privado relacionado con la práctica del fútbol. Las entidades o empresas donde pueden desarrollar sus funciones son: escuelas y centros de iniciación deportiva, clubes y asociaciones deportivas, federaciones deportivas, patronatos deportivos, empresas de servicios deportivos y centros escolares (actividades extraescolares). Como podemos ver, el campo de acción es el de la iniciación deportiva, para lo cual su perfil profesional y competencias habrán de responder a las demandas y exigencias de dicho ámbito.

Por último, el Decreto también se encarga de señalar las responsabilidades en las situaciones de trabajo del técnico deportivo de primer nivel, que son las que se muestran a continuación (Tabla 22).

RESPONSABILIDADES EN EL TRABAJO
• La enseñanza del fútbol hasta la obtención por parte del deportista, de los conocimientos técnicos y tácticos elementales que les capaciten para la competición de fútbol en categorías infantiles y en adultos en categorías inferiores. • La elección de los objetivos, medios, métodos y materiales más adecuados para la realización de la enseñanza. • La evaluación y control del proceso de enseñanza deportiva. • La información a los practicantes sobre la vestimenta adecuadas más apropiadas en función de las condiciones climáticas. • La conducción y el acompañamiento de individuos y grupos durante la práctica de la actividad deportiva. • La seguridad del grupo durante el desarrollo de la actividad. • La administración de los primeros auxilios en caso de accidente o enfermedad en ausencia de personal facultativo. • El cumplimiento del reglamento del fútbol. • La colaboración con los servicios de asistencia médica de las instalaciones deportivas. • El cumplimiento de las instrucciones generales procedentes del responsable de la entidad deportiva.

Tabla 22. Responsabilidades en el trabajo del Técnico Deportivo de Primer Nivel. Decreto 12/2004.

Como podemos ver, al igual que señalábamos cuando nos referíamos a las finalidades que el R.D. 320/2000 reconocía para el técnico deportivo de fútbol, en este caso, la elaboración del Decreto 12/2004, en su apartado dedicado al perfil profesional, competencias, capacidades y desempeño del técnico deportivo de primer nivel, no hace alusión al conocimiento de los practicantes, de su proceso de desarrollo o de las particularidades de la realidad infantil, con lo cual, corroborando la opinión mostrada por Malina (2001), Lyon (2001), Horn (2002) Farrow y Hewitt (2002), el conocimiento acerca de los jugadores, primordialmente en las etapas más jóvenes, es muy escaso, y se precisan estudios y la concienciación acerca de que un técnico deportivo (un entrenador de fútbol) no podrá desempeñar adecuadamente su labor sin la formación necesaria a este respecto.

En otro orden de cosas, no queremos terminar el apartado dedicado al entrenador de fútbol base, sin señalar que existe una gran preocupación por la detección de talentos en el fútbol, siendo éste uno de los cometidos que también habrán de desempeñar los técnicos deportivos que realicen su labor en estas etapas de iniciación. Ejemplo de dicha preocupación es el número especial que la revista Journal of Sports and Sciences, una de las más prestigiosas a nivel internacional y de alto impacto en las Ciencias de la Actividad Física y del Deporte, dedicó con exclusividad a este respecto en el año 2000. Ahora bien, como afirman Reilly, Williams, Nevill y Franks (2000), el hecho de realizar la detección de talentos constituye un proceso difícil y más aún si nos referimos a los deportes de equipo, como es el caso del fútbol. Estos señalan que el desarrollo del talento en el fútbol depende de multitud de factores externos, entre los cuales destacan:

- Oportunidades y condiciones de practicar y de las prácticas realizadas.
- Mantenerse a salvo de lesiones.
- La naturaleza de los mentores o consejeros y del entrenamiento recibido durante los años de desarrollo.
- Factores sociales, personales y culturales.

Ante todo lo anterior, se puede señalar que los sistemas de detección de talentos están organizados con eficiencia variable, gran desconocimiento y poca efectividad (Reilly, Williams, Nevill y Franks, 2000). No en vano, los criterios por los cuales unos jugadores comienzan el partido son normalmente hechos por el entrenador o manager usando interpretaciones sin ningún criterio objetivo (Davids, Less y Burwitz, 2000). Como señalan estos últimos autores, la selección no debe hacerse en base a la actuación individual en momentos puntuales, sino a la aportación al comportamiento colectivo del equipo. Y nos siguen diciendo, que en fútbol la identificación de talentos se basa en el rendimiento, esto es positivo si lo que se quiere es ganar los partidos en todas las etapas de formación del jugador, pero si lo que se pretende es contribuir al desarrollo de futuros talentos deportivos este hecho no es recomendado. Por último, dichos autores recalcan que la selección se realiza en función de que niños son más fuertes, más veloces, etc, en momentos puntuales, que normalmente son los mayores en edad, pero esto no garantiza que lo sean en un futuro.

En definitiva, y tras lo expuesto a lo largo de este apartado, parece evidente que la atención a la formación del técnico deportivo de fútbol base, y al desempeño profesional del mismo, no es ni suficiente, ni efectiva, y que esta labor sigue recayendo, en gran medida, en personas sin la cualificación necesaria y que desempeñan esta labor por una afición o pasado como practicante deportivo (Ibáñez, 1997; Giménez, 2001a). Es más, la visión tradicional del entrenador, como persona que se dedica a entrenar y buscar el máximo rendimiento de los jugadores, aún no está completamente superada, pues en las nuevas redacciones de los currículas de las enseñanzas conducentes a la obtención de los títulos de técnico deportivo en fútbol, aunque se atisba la atención a aspectos como la seguridad, la motivación, la educación en valores y la ampliación de la formación, no se alude al conocimiento de la realidad infantil, al proceso evolutivo de los niños y niñas, y por ende, a las necesidades, posibilidades y limitaciones de los mismos.

Capítulo II

ANÁLISIS DEL FÚTBOL COMO DEPORTE DE EQUIPO

2.1. INTRODUCCIÓN.

Introducimos este apartado pues, en consonancia con la opinión de Garganta y Gréhaigne (1999), el enfoque sistémico del juego del fútbol ofrece la posibilidad de identificar, validar y regular acciones/secuencias de juego representativas de la dinámica de los partidos, por lo que constituye una referencia a considerar en la construcción y control de los ejercicios dirigidos a la enseñanza y entrenamiento del fútbol. Por lo tanto, nos parece indispensable realizar una definición del fútbol dentro de los deportes, así como de los elementos esenciales que lo configuran y que han de ser tenidos en cuenta para la planificación y programación de los procesos de enseñanza-aprendizaje y, por ende, para la elaboración de situaciones de enseñanza-entrenamiento.

2.2. APROXIMACIÓN AL CONCEPTO DE DEPORTE.

El primer paso en este capítulo será el de identificar el fútbol como un deporte, para lo cual se nos antoja indispensable determinar, aún sin ánimo de externos en este aspecto, el concepto de deporte. En relación con esto nos podemos encontrar con diferentes definiciones del deporte, de entre las cuales destacamos las que recogemos en la tabla 23.

	Definiciones de Deporte
Coubertain (1960)	Culto voluntario y habitual de intenso ejercicio muscular, apoyado en el deseo de progresar y que puede llevar hasta el riesgo.
Cagigal (1967)	Divertimento liberal, espontáneo, desinteresado, en y por el ejercicio físico entendido como superación propia o ajena, y más o menos sometido a reglas.
Diem (1978)	Juego portador de valor y seriedad practicado con entrega, sometido a reglas, integrador y perfeccionador, ambicioso de los más altos resultados.
Hernández Moreno (1994)	Situación motriz de competición, reglada, de carácter lúdico e institucionalizada.
Domínguez (1995)	Actividad lúdico-competitiva, que se puede practicar de forma individual o colectiva, sujeta a una reglamentación expresa fijada por organismos internacionales, y que pone en práctica habilidades y cualidades de índole motriz.

Tabla 23. Conceptos de deporte según diferentes autores.

De las anteriores afirmaciones, podemos extraer una serie de consecuencias o evidencias, las cuales apuntan hacia una concepción del deporte como una actividad reglada, competitiva, que se basa en la idea de perfeccionamiento para la superación y que busca la obtención de los mejores resultados posibles, a lo cual añadiríamos, en función del contexto en que nos encontremos y de los objetivos que busquemos, que determinará también la mayor o menor incidencia de su carácter lúdico.

Precisamente esta mayor o menor incidencia del componente lúdico es lo que hace que Morales y Guzmán (2000) distingan tres contextos diferentes en el deporte:

1. Por un lado, hablan de deporte como una forma de actividad física que busca la expresión y mejora de la condición física y el bienestar mental, así como el establecimiento de relaciones sociales y la búsqueda de resultados en competición.
2. En segundo término, identifican el deporte como una actividad sociocultural que permite la relación entre distintas comunidades y pueblos, así como la integración social, el disfrute, la salud y el bienestar.
3. Por último, se refieren a la concepción del deporte como un reto para la mejora del rendimiento y la participación en niveles altos del mismo, tales como el profesionalismo y la alta competición.

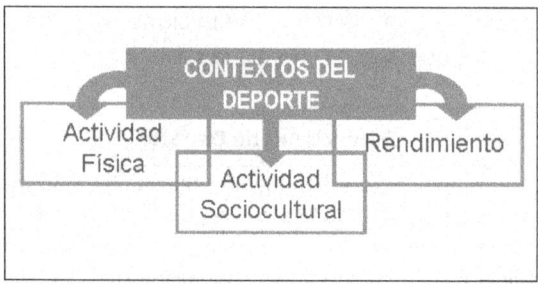

Figura 3. Contextos del deporte según Morales y Guzmán (2000)

Según Pino (1999), dentro de los aspectos más importantes del deporte moderno, nos encontramos las reglas, las cuales determinan en gran medida la estructura y lógica interna de la especialidad en que nos encontremos y la institucionalización a la que se somete en la actualidad la práctica deportiva. Dichas institucionalización es señalada por Parlebas (1981), como uno de los parámetros indiscutibles para la definición del deporte y diferenciarlo de otras actividades físicas que, aún siendo competitivas, no han de ser consideradas, según este autor, como tal. Es por ello que dicho autor define el deporte como *una situación motriz de competición reglada e institucionalizada*, lo cual es concretado por Hernández Moreno (1994), como hemos visto en la tabla 24, como *una situación motriz de competición, reglada, de carácter lúdico e institucionalizada.*

Una vez definido brevemente el concepto de deporte, nos parece adecuado hacer referencia a las características más básicas que lo constituyen. Para eso nos basaremos en Hernández Moreno (1994), el cual señala los siguientes aspectos como esenciales en la aproximación a dicho concepto:

- Situación motriz: realización de una actividad en la que la acción o movimiento, no sólo mecánica, sino también comportamental, debe necesariamente estar presente y constituir parte insustituible de la tarea.
- Juego: participación voluntaria, libre y con propósitos de recreación y con finalidad en sí misma.
- Competición: deseo de superación, de progreso, de rendimiento elevado, de vencerse a sí mismo en cuanto conseguir una meta superior con relación al tiempo, la distancia o vencer al adversario.
- Reglas: para que exista deporte deben existir reglas que definan y regulen las características de la actividad y de su desarrollo.
- Institucionalización: se requiere reconocimiento y control por parte de una institución generalmente denominada Federación, que rige su desarrollo y fija los reglamentos de juego.

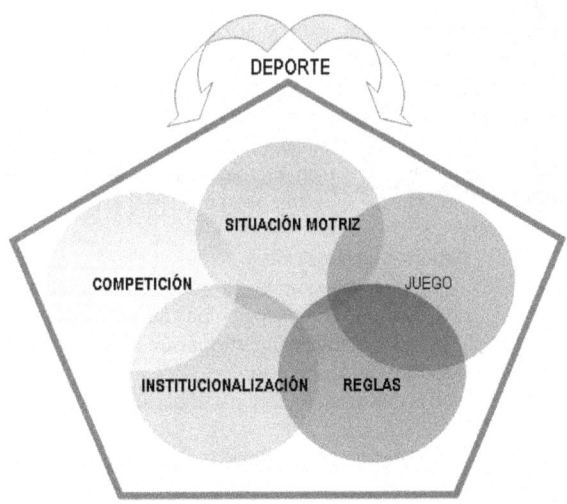

Figura 4. Características del deporte según Hernández Moreno (1994)

Los anteriores aspectos ayudan a la clasificación de los deportes en diferentes grupos. Si bien las primeras clasificaciones que nos encontramos son anteriores a las aportaciones del último autor nombrado, nos parece oportuno realizar un breve recorrido por las mismas, con el fin de contextualizar con mayor precisión la posición del fútbol dentro de los deportes. Este recorrido lo recogemos en la siguiente página.

	Clasificaciones de los Deportes	
Bouchard, cit. por Pino (1999)	• Deportes colectivos: al menos, dos equipos con dos o más jugadores. • Deportes individuales, en los que sólo existe un jugador. • Deportes de lucha: dos deportistas que siempre son adversarios.	
Durand (1976)	• Deportes Individuales. • Deportes de equipo.	• Deportes de combate. • Deportes al aire libre.
Parlebas (1981)	Clasifica los deportes en función de las relaciones existentes entre los participantes y el grado de interacción entre los mismos y entre los diferentes elementos estructurales del deporte que nos ocupe. Establece tres focos o elementos generadores de incertidumbre, los cuales son el espacio, los compañeros y los adversarios. En función de ello habla de: • Deportes psicomotrices, en los que el jugador actúa en solitario, no existiendo incertidumbre procedente de los factores que determinan el deporte a practicar. • Deportes sociomotrices, en los que existe incertidumbre procedente del medio, de los compañeros o de los adversarios.	

Blázquez y Hernández Moreno (1983) y Hernández Moreno (1994)	Se basan en la clasificación hecha por Parlebas (1981), pero introducen dos nuevos elementos generadores de incertidumbre. Estos aspectos son la situación en el espacio de juego y la forma de participación sobre el móvil o balón. En este sentido, el espacio puede ser separado o común, en función de si todos los jugadores pueden actuar en todo el terreno de juego o cada equipo tiene un campo en el que actúa y al cual el equipo contrario no puede acceder. Igualmente, la utilización del espacio hace referencia a las diferentes zonas que forman parte de los terrenos e juego y que presentan alguna reglamentación especial, como la zona en baloncesto o el área de penalti en fútbol. Asimismo, la participación de los equipos puede ser simultánea, como es el caso del baloncesto o el fútbol, o bien alternativa, como es el caso del voleibol. En función de estos aspectos, Hernández Moreno (1994) establece los siguiente grupos de deportes:
	- Deportes de oposición.
	   - Espacio separado y participación alternativa (p.e. tenis).
	   - Espacio común y participación alternativa (p.e. pelota vasca).
	   - Espacio común y participación simultánea (p.e. judo).
	- Deportes de cooperación.
	   - Espacio separado y participación simultánea (p.e. pruebas de relevos)
	   - Espacio común y participación simultánea (p.e. natación sincronizada).
	- Deportes de cooperación-oposición.
	   - Espacio separado y participación alternativa (p.e. voleibol).
	   - Espacio común y participación alternativa (p.e. frontón por parejas).
	   - Espacio común y participación simultánea (p.e. fútbol, baloncesto, balonmano).	

Tabla 24. Clasificaciones de los deportes.

2.3. CLASIFICACIÓN Y DEFINICIÓN DEL FÚTBOL COMO DEPORTE DE EQUIPO.

En función de los datos recogidos en la tabla 24 y de los aportados por el Grupo Praxiológico de Lleida (1993), podemos hablar del fútbol como un deporte colectivo o de equipo, de cooperación-oposición, sociomotriz, con incertidumbre de compañeros y adversarios, con espacio estandarizado de utilización común y de participación simultánea., *donde la acción de juego es la resultante de las interacciones entre participantes, producidas de manera que un equipo coopera entre sí para oponerse a otro que actúa también en cooperación y que a su vez se opone al anterior* (Pino, 1999:39). Dichos deportes los podemos entender como *una actividad física reglamentada y colectiva que se desarrolla mediante un juego donde se enfrentan dos equipos, donde cada uno de ellos acoge a diversos jugadores colaborando por un mismo objetivo de obtener la victoria frente a la oposición del otro* (Romero, 2000).

Partimos de una interpretación de la naturaleza del juego de fútbol fundamentada en su carácter *lúdico, agonístico y procesal, en el que los veintidós jugadores que constituyen los dos equipos se encuentran en una relación de adversidad típica no hostil, denominada de rivalidad deportiva* (Teodorescu, 1983).

Dentro de los deportes de equipo, según Romero (2000), encontramos una serie de características que son comunes, que son:

1. La existencia de un reglamento que regula la norma de juego (específico para cada deporte).
2. La actividad se desarrolla en un terreno de juego estable y delimitado.
3. La actividad gira en torno a un móvil o pelota en cuanto a su posesión o manejo.
4. Existe un objetivo o meta a conseguir, que es el logro del tanto o el punto.
5. Unos compañeros que cooperan y colaboran para conseguir el objetivo común
6. Unos adversarios que colaboran entre sí con su propio plan para conseguir sus objetivos

Dentro de esta coyuntura, los equipos en confrontación directa forman dos entidades colectivas que planifican y coordinan sus acciones para actuar una contra la otra; sus comportamientos están determinados por las relaciones antagónicas de ataque-defensa. Representan así, en este contexto, una forma de actividad social, con variadas manifestaciones específicas, cuyo contenido consta de acciones e interacciones. La cooperación entre los diferentes elementos se efectúa en condiciones de lucha con adversarios (oposición), los cuales a su vez coordinan sus acciones con el propósito de desorganizar esa cooperación (Pino, 1999:11). En este contexto cobran sentido las intenciones de juegos señaladas por Merand (1976) y Morcillo (2003), cuando hace referencia al aprovechamiento del juego colectivo como consecuencia de la dinámica que cada grupo es capaz de establecer para lograr el objetivo común. En la búsqueda de ese objetivo, las situaciones de juego que se le presentan a uno y otro equipo, y, por ende a sus jugadores, lo hacen en forma de problema, los cuales han de ser resueltos mediante la coordinación de esfuerzos entre los jugadores del mismo equipo (Romero 2000). Es por esto, como afirma el último autor nombrado, la gran importancia de un plan estratégico dentro del cual los jugadores han de coordinarse, ya que, debido a la gran incertidumbre de la naturaleza de los deportes colectivos y, en particular, del fútbol, los jugadores han de desarrollar sus capacidades y habilidades perceptivas y decisionales, con el fin de adaptarse a las demandas del juego y al bien colectivo, concretándose en estrategias de cooperación y de oposición.

Figura 5. Análisis del fútbol a partir de su estructura (Romero, 2005)

De lo anterior podemos desprender que el jugador, para participar en el juego, ha de desarrollar y manejar una serie de aspectos esenciales, los cuales se estructuran alrededor de tres ejes fundamentales (Mombaerts, 1996; Castelo, 1999; Pino, 1999).

- Desarrollo motriz ajustado a las demandas del juego, o lo que es lo mismo, de las habilidades específicas necesarias para el mismo, las cuales se fundamentan en el ulterior desarrollo de habilidades básicas y genéricas. Por tanto, un dominio y control corporal adecuado.
- Establecer los medios oportunos para establecer una relación y adaptación al entorno físico, es decir, el terreno de juego y los elementos físicos que en él se encuentran, tales como porterías, líneas que delimitan las diferentes zonas y el balón.
- Al pertenecer a los deportes de equipo, la actuación en éste se fundamenta en base a la relación y comunicación entre los jugadores, no sólo con los compañeros, sino también con los adversarios.

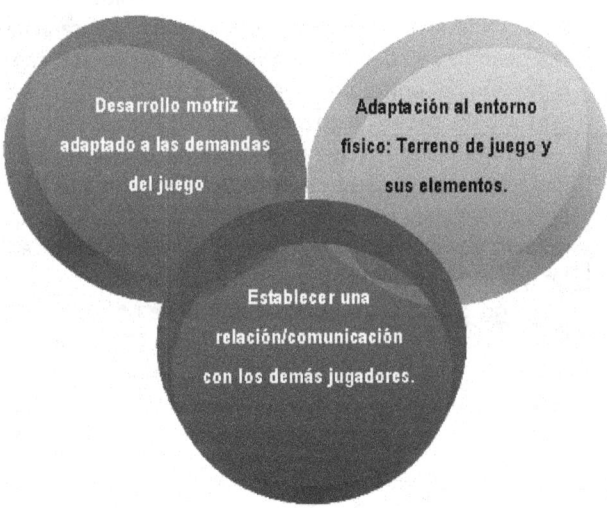

Figura 6. Necesidades del jugador para participar en el juego.

En base a estos aspectos, Romero (2006) define el fútbol como *habilidad motora abierta, fundamentalmente perceptiva y de regulación externa, requiere de un dominio y control corporal, una adaptación al medio físico donde se desenvuelve, una relación y comunicación con los demás.* Es más, este último autor, atendiendo a los elementos que configuran el juego del fútbol y a los cuales haremos una referencia más profunda posteriormente, define el fútbol como *un deporte colectivo donde se produce una interacción motriz en un contexto y en unas condiciones dadas entre los participantes, como consecuencia de la presencia de compañeros y adversarios, utilizándose un espacio común (estandarizado y sin incertidumbre) y con una participación simultánea mediante una cooperación/oposición y con unos objetivos o metas a alcanzar* (Ibídem, 2006).

Otras definiciones realizadas del fútbol son las que recogemos en la siguiente tabla.

	Definiciones de Fútbol
Diccionario de la Real Academia de la Lengua Española	Juego entre dos equipos de once jugadores cada uno, cuya finalidad es hacer entrar un balón por una portería, impulsándolo conforme a reglas determinadas, de las que la más característica es la prohibición de que sea tocado con las manos, salvo por un jugador que guarda la puerta, y éste en una determinada zona.
Bauer (1998)	Dos equipos con once jugadores cada uno (uno de ellos es el portero) juegan el uno contra el otro. Vencedor es el equipo que, pasado el tiempo acordado, haya conseguido colocar el balón en la portería contraria más veces que el adversario. Una característica específica del fútbol es que el balón no puede ser tocado con la mano (con excepción del portero en el área de penalti). Por lo tanto sólo puede ser recibido, pasado o golpeado con los pies, la cabeza o el tronco.
Castelo (1999)	Deporte colectivo que opone dos equipos formados por once jugadores en un espacio claramente definido, en una lucha incesante por la conquista del balón, con la finalidad de introducirlo el mayor número de veces posible en la portería adversaria (marcar gol) y evitar que éste entre en la suya propia (evitar gol).
Morales y Guzmán (2000)	Juego colectivo entre dos equipos de once jugadores cada uno, cuya finalidad es hacer entrar un balón por una portería, impulsándolo conforme a reglas determinadas, de las que la más característica es la prohibición de que sea tocado con las manos, salvo por un jugador que guarda la puerta –portero-, y éste en un determinada zona.

Tabla 25. Definiciones de fútbol.

En las anteriores definiciones se hace siempre alusión a los diversos factores que han de tener en cuenta y/o manejar los jugadores para aspirar a una actuación eficaz y eficiente en la práctica del deporte que nos ocupa y aluden, de una u otra manera, a la complejidad del mismo. Debido a dicha complejidad, se hace necesario emerger la necesidad de encontrar métodos que permitan reunir y organizar los conocimientos, partir del reconocimiento de la complejidad del juego de fútbol y de las propiedades de interacción dinámica de los equipos implicados, en cuanto a conjuntos o totalidades

(Garganta y Gréhaigne, 1999). Pero, para ello, como hemos dicho con anterioridad, basándonos en las afirmaciones de autores como Hernández Moreno (1994, 1997), Blázquez (1995), Castelo (1999), Pino (1999) o los mismos Garganta y Gréhaigne (1999), hemos de partir de un conocimiento del fútbol como deporte y de los elementos que lo constituyen. De este modo, Romero (2005) recomienda que, en un primer momento, deberíamos hacer alusión a las nociones generales de los deportes de equipo. Desde esta perspectiva, y de manera más concreta, nos centraremos en el fútbol como deporte de equipo y nos cuestionaremos: ¿qué es y en qué condiciones se desarrolla?

Llegados a este punto, hemos de decir que las aproximaciones que se han hecho para definir y analizar el fútbol han sido muchas y variadas, pero la que lo ha hecho con mayor pormenorización ha sido la praxiología motriz, la cual ha procedido a su análisis a través de los factores estructurales que definen este deporte, así como a través de las relaciones que se establecen entre los participantes entre sí y entre estos y dichos elementos estructurales.

Sin ánimo de detenernos en demasía en este aspecto, nos parece oportuno concretar el concepto de praxiología, como una forma de aproximación al análisis estructural de los deportes.

Parlebas (1981:173), precursor y creador de esta aproximación al análisis de los deportes, la define como *ciencia de la acción motriz, especialmente de las condiciones, modos de funcionamiento y de los resultados de la puesta en obra de ésta*. Por su parte Hernández Moreno y cols. (2002:7) la definen como *ciencia de las praxis motrices*, entendiendo la praxis como las acciones de las personas, y por tanto, asemejando el concepto praxis motriz al de acción motriz, como *realización de la persona que toma sentido en un contexto a partir de un conjunto de condiciones (gestuales, espaciales, temporales, comunicacionales y estratégicas) que definen los objetivos motores* (Ibídem, 2002:1).

Ahora bien, hasta llegar al análisis realizado por la praxiología motriz, se ha pasado por diversas formas de aproximación al estudio de la estructura de los deportes, las cuales podemos dividir en tres fases, apoyándonos para eso en las aportaciones de Hernández Moreno y cols. (2000). La primera fase es caracterizada por un análisis fundamentalmente técnico y táctico, protagonizado por teorías mecanicistas. En segundo lugar, se pasa a un análisis que se centra primordialmente en las fases del juego, por lo que se denomina ataque/defensa. Esta nueva orientación, impulsada por Bayer (1979), se basa en las teorías estructuralistas y fenómeno-estructuralistas. En última instancia, queriendo dotar el análisis de los deportes en la interacción motriz entre los participantes y los diferentes elementos estructurales del juego, y tomando a Parlebas (1981) como principal precursor, surge la praxiología motriz, cuyo objeto de estudio primordial es la acción motriz.

Nuestro punto de vista es que cada uno de los avances o posicionamientos en torno al análisis de los deportes ha aportado, y sigue aportando, datos o elementos de gran valor para seguir profundizando en la enseñanza y el entrenamiento de los mismos y, en nuestro caso concreto del fútbol, ha de ser éste, es decir, producir mejoras en los procesos de enseñanza y entrenamiento, el objetivo que han de perseguir todos los intentos de aproximación, estudio y análisis de los deportes en general o de un deporte en concreto. Es por ello que a partir de este momento vamos a hablar, dentro de nuestro análisis del fútbol, y apoyándonos en Romero (2006), de tres ejes vertebradores, por un lado un análisis estructural del mismo, basado en los elementos dentro de los cuales se ha de desarrollar el juego y por ende las habilidades motrices específicas del fútbol. Por otro lado, un análisis funcional, referido al desarrollo de esas habilidades en pos de la consecución de unos objetivos de juego, mediante acciones individuales o grupales. Y, por último, entendiendo el juego del fútbol como una organización compleja, basada en la relación entre todos los anteriores elementos y donde la idoneidad de la adecuación a los mismos determinará el éxito de la actuación del jugador. Bajo este enfoque, dicha actuación vendrá dada por el ajuste de la información recibida y procesada por él mismo y por la toma de decisión en función de ésta última. Para ello hemos de tener muy presente el entorno de alta incertidumbre en que se desarrolla la acción de juego.

2.4. ANÁLISIS ESTRUCTURAL DEL FÚTBOL.

La inquietud por este tipo de análisis surge desde las corrientes estructuralistas, las cuales parten primordialmente de las ciencias sociales, y se concretan en los trabajos de lingüística de Saussure (1945), en los aplicados a la antropología de Lévi-Strauss (1968,1969) y en el psicoanálisis de Lacan (1981a,1981b,1983,1984,1986,1988,1992) o en la teoría social de Althusser (1968). El estructuralismo es un enfoque de las Ciencias humanas, que, en la segunda mitad del siglo XX, se constituyó como uno de los métodos más utilizados para analizar el lenguaje, la cultura y la sociedad.

El principal objetivo de estas corrientes es descubrir la estructura de sus objetos de estudio, pero basado en la idea de que la totalidad es más que la suma de las partes, por lo cual no se quedan en la descripción y análisis de las diversas partes que forman una estructura, sino que pretenden conocer, describir y analizar las relaciones que se establecen entre ellas, así como la forma en que lo hacen. Romero (2006:10) sintetiza perfectamente el objetivo del estructuralismo cuando señala que *cuando se quiere explicar algo, la investigación no debe encaminarse hacia el estudio de sus componentes, sino a la manera como ellos se ligan entre sí, es decir, a la estructura, a los sistemas de relaciones entre esos elementos.*

En el campo de los deportes nos encontramos diversas aproximaciones a este enfoque de análisis estructural, pero todas parten de dos precursores Bayer (1979) y Parlebas (1981). En nuestro país, las propuestas de estos autores fueron acogidas por los trabajos de Blázquez (1986) y Hernández Moreno (1994). Recogemos los aspectos más destacados de cada uno de los anteriores autores.

Parlebas (1981) nos propone un análisis de la estructura de los deportes basada en unos elementos que denomina universales ludomotores, los cuales los define como modelos operativos, portadores de la lógica interna de todo juego deportivo y que representan las estructuras de base de su funcionamiento. Dichos universales ludomotores son:

- Red de comunicación motriz.
- Red de interacción de marca.
- Sistema de puntuación.
- Red de cambios de rol.
- Red de cambios de subroles.
- Código gestémico.
- Código praxémico.

Por su parte, Bayer (1979), en el análisis de los juegos deportivos colectivos, considera el conjunto de elementos que lo integran, a los que denomina la estructura formal. Dichos elementos son:

- El móvil.
- El terreno de juego.
- Las porterías.
- Las reglas.
- Los compañeros.
- Los adversarios.

En el contexto español, Blázquez (1986) contempla igualmente los elementos estructurales del análisis de los juegos deportivos, y considera que estos se estructuran en cuatro aspectos:

- El espacio.
- La estrategia.
- La comunicación motriz.
- Las limitaciones reglamentarias.

En última instancia, recogemos las aportaciones de Hernández Moreno (1994, 2000), que arguye que los deportes poseen estructuras características propias, definidas en gran medida por los reglamentos que los configuran, la gestualidad o modos de ejecución técnica que se emplean, el espacio físico de juego y el de interacción motriz entre los participantes, por el tiempo o ritmo y la comunicación, ésta última, en aquellos deportes en los que se da.

En el campo del fútbol encontramos aportaciones importantes, entre otros, de Castelo (1996,1999), Garganta (1997,1998), Pino (1999), Lago (2000), Mombaerts (2000), Grehaigne (2001), Castellano (2002), Hernández Mendo y Castellano (2002, 2003), Más (2003), entre otros.

Basándonos en los autores expuestos, los elementos que configuran la estructura del fútbol son:

- El reglamento o las reglas de juego.
- El espacio de juego.
- El tiempo.
- Los participantes y su comunicación estableciendo una relación de cooperación/oposición.
- El móvil o el balón
- La meta o la portería que hay que atacar o defender.

2.4.1. EL REGLAMENTO DE JUEGO.

Para Pino (1999:41), el reglamento de juego es uno de los elementos que definen la lógica interna del juego de fútbol, *ya que la estructuración de cualquier actividad necesita adoptar un código (leyes o reglas) que se constituya como uno de los factores de sociabilidad del juego, y de estandarización por el que transcurre la lógica de la igualdad de oportunidades.* Este mismo autor nos viene a señalar que en la definición de un deporte colectivo hay que hacer referencia, ineludiblemente, a los reglamentos que determinan el grado de libertad de las acciones de los jugadores, influenciando de manera decisiva en la estructura del juego al que nos refiramos.

Como señalan Morales y Guzmán (2000), uno de los aspectos que más determina la estructura del juego de fútbol y su lógica interna, es la obligatoriedad de que la mayoría de los contactos que se producen con el balón se hagan con el pie, con lo cual dirigen los procesos de enseñanza-aprendizaje y de entrenamiento al desarrollo de habilidades motrices específicas que se realicen con esta parte del cuerpo, traduciéndose en habilidades técnico-tácticas del fútbol.

El reglamento de fútbol se puede agrupar en dos bloques, si atendemos a autores como Teodorescu (1977), Bayer (1979) o Menaut (1982). Uno de los bloques va referido al aspecto formal de juego y el otro al desarrollo de la acción. Es decir, mientras que el bloque referido al aspecto formal hace referencia a dónde y con qué se desarrolla el juego, así como a la duración del mismo y a cómo se consiguen tantos, el bloque referido al desarrollo de la acción se ocupa de determinar como se desarrolla el juego, aludiendo a las faltas, infracciones, saques, etc.

En este sentido nos parece muy interesante la relación que establece Pino (1999), basándose en Hernández Moreno (1994), entre los contenidos del reglamento y las reglas de juego establecidas por la Federación Internacional de Fútbol Amateur (F.I.F.A.). Dicha relación la recogemos en las siguientes tablas.

BLOQUE I. ASPECTO FORMAL	
Características y dimensiones del espacio.	El espacio de juego (Regla I).
Descripción de los materiales complementarios que se usan en el juego.	Descripción del móvil o balón (Regla II). Equipo de los jugadores (Regla IV).
Número de jugadores que participan en el juego y forma en que estos pueden intervenir en él.	Número de jugadores (Regla III)
Forma de puntuar y ganar un partido.	Tanto marcado (Regla X).
Tiempo total de juego y división de los mismos.	Duración de un partido (Regla VII).
Ritos y protocolos.	Saque de salida (Regla VIII).

Tabla 26. Relación entre los contenidos del bloque de aspectos formales del juego y el reglamento de la F.I.F.A. (Pino, 1999:45).

BLOQUE II. DESARROLLO DE LA ACCIÓN DEL JUEGO	
Formas de jugar el balón o móvil.	Balón en juego o fuera de juego (Regla IX).
Formas de participación de cada jugador y relación con sus compañeros.	Saque libres (Regla XIII). Saque de banda (Regla XV). Saque de meta (Regla XVI). Saque de esquina (Regla XVII). Fuera de juego (Regla XI).
Formas de relacionarse con los adversarios.	
Formas de utilizar el espacio de juego.	
Penalizaciones a las infracciones de las reglas.	Faltas e incorrecciones (Regla XII). Penalti (Regla XIV). Árbitro (Regla V). Jueces de línea (Regla VI).

Tabla 27. Relación entre los contenidos del bloque de desarrollo de la acción de juego y el reglamento de la F.I.F.A. (Pino, 1999:45).

2.4.2. EL ESPACIO DE JUEGO.

Parlebas (1998) señala que todo deporte se construye sobre una definición del espacio en el que se desarrolla. Esta afirmación nos permita ver la importancia del espacio como elemento estructurador del juego y determinante en su lógica interna. Es más, el mismo autor señala que todas las acciones propias de un deporte se desarrollan y cobran sentido dentro de un terreno de juego.

Por tanto, el espacio se erige como un agente que determina el juego y que lo condiciona en función de la zona de dicho espacio en que se esté desarrollando. En este sentido, Pino (1999:46) señala que *el espacio deportivo, o de juego, está comúnmente dividido en subespacios y zonas diversas, las cuales están afectadas por privilegios que condicionan el comportamiento motor de los participantes y caracterizan las diferentes especialidades deportivas.* Este aspecto es muy importante para Hernández Moreno (1994), ya que para él el terreno de juego es el lugar donde se desarrollan las relaciones entre los jugadores y por tanto lo considera como intermediario y condicionante de la interacción motriz entre los mismos, por lo que este mismo autor, habla del espacio de juego donde se relacionan los compañeros y adversarios como espacio sociomotor.

Parlebas (1981) habla de diferentes espacios en los deportes, diferenciándolos entre espacio estandarizado portador de incertidumbre y aquel que no es portador de la misma. Para este autor el fútbol se caracteriza por un espacio estandarizado no portador de incertidumbre.

Refiriéndose al fútbol, Teissie (1971) habla de la existencia de diferentes subespacios, los cuales recogemos en la siguiente tabla.

ZONAS FIJAS	
PROHIBIDAS	**A ALCANZAR**
CONTÍNUAS: el portero no puede tocar el balón con las manos fuera del área de penalti.	PORTERÍA
TEMPORALES: en los golpes francos, saques de esquina y de centro, los defensores han de estar mínimo a 9,15 m. del balón cuando se vaya a iniciar el juego.	
ZONAS VARIABLES		
PROHIBIDAS	**UTILIZABLES PARA LOS ATACANTES**	**A VIGILAR**
Dependen de los desplazamientos realizados por los atacantes o los defensores y en el interior de las cuales no se puede jugar: zona de fuera de juego.	Son las zonas que están situadas delante del jugador en posesión del balón.	Espacios que el defensor va a ocupar para evitar que las ocupen los atacantes.

Tabla 28. Subespacios del terreno de juego (Teissie, 1971).

Tanto las zonas fijas, como las zonas variables influyen en la construcción del juego por parte de los equipos, estén o no en posesión del balón. Mientras que las fijas son las que vienen determinadas por el aspecto formal del reglamento, al que hacíamos referencia con anterioridad, las variables aluden al desarrollo del juego y dependen de la actuación de los equipos, por lo cual la variabilidad y variación de las mimas es bastante elevada. Este es otro de los elementos que determinan la alta complejidad del juego del fútbol, a la cual haremos especial referencia en el apartado dedicado a los procesos cognitivos en él. No en vano, los jugadores han de adecuar su actuación en función de la zona del campo en la que se encuentren y de cómo sea la ocupación de éste por parte de sus compañeros y adversarios, así como de la cercanía o lejanía de la meta propia y de la contraria (Romero y Vegas, 2002).

2.4.3. EL TIEMPO.

Ahondando en el tema de la complejidad del fútbol, al que ya hemos hecho alusión en varias ocasiones, hemos de decir que la adecuación de las acciones de los jugadores, ya sean en el plano individual, como en la adecuación de éste al comportamiento colectivo, viene determinada por su ajuste espacio-temporal, aspectos estos reseñados por autores que van desde Mahlo (1969) hasta Castelo (1999). Por lo tanto, que una acción sea adecuada en una determinada situación de juego vendrá influenciado en gran medida por el tiempo de duración de la misma. En este sentido, mientras más rápida sea la acción más incertidumbre creará en el equipo rival, pero a su vez más dificultad entrañará su realización.

Según Pino (1999), el factor tiempo puede explicarse atendiendo a tres aspectos fundamentales:

- Estructura temporal de la ejecución técnica.
- Relaciones entre el factor tiempo y el factor espacio.
- Relaciones entre el tiempo y el ritmo de juego.

En lo referente a la estructura temporal de la ejecución técnica, como afirma Castelo (1999), las situaciones de juego se desarrollan dentro de una estructura temporal, que es la que otorga sentido a la soluciones adoptadas por los jugadores. Mahlo (1969) profundiza en este tema cuando señala que la idoneidad de esas soluciones depende de la adecuación de las mismas a dos parámetros. Por un lado, la velocidad con la que se ejecuta la acción, así como la adecuación de la misma a los condicionantes de la situación de juego en que se encuentre el jugador. En otras palabras, el jugador ha de ofrecer la respuesta adecuada a una situación de juego en un tiempo determinado por dicha situación, ya que, debido a lo que Pino (1999) denomina sucesión de variabilidad de las situaciones momentáneas de juego, el hacerlo fuera de la estructura temporal de dicha situación invalidará la respuesta dada.

Por otro lado, también es importante destacar que *cuanto más tiempo tengan los jugadores para percibir, analizar y ejecutar sus acciones técnico-tácticas, menor será la posibilidad de que cometan errores, pues se habrán decantado por la solución más adaptada a la situación táctica* (Ibídem, 1999:57). En este sentido, es conveniente prestar atención a estos aspectos dentro de los procesos de enseñanza-aprendizaje, promoviendo el análisis de la situación de juego por parte del jugador y fomentando la creatividad y toma de decisiones entre los mismos, para lo cual se hace indispensable trabajar los procesos cognitivos de los jugadores y tener un amplio conocimiento de como percibe y analiza la información procedente del contexto de juego (Ericsson y Lehmann, 1996; Mombaerts, 1996; Rezende y Valdés, 2004; Romero, 2005). Esto se podrá conseguir por medio de, entre otros elementos, el aumento del conocimiento del jugador acerca del juego, tanto del conocimiento declarativo, como práctico y afectivo (Garganta y Cunha, 2000; Garganta, 2003; De la Vega, 2004; Ruiz Pérez y Arruza, 2005).

Aludiendo a las relaciones entre los factores tiempo y espacio, podemos resumir su importancia recogiendo las aportaciones de Cunha (1979), que señala que la situación más favorable para un equipo atacante es cuando el balón y uno de sus jugadores llegan simultáneamente a un espacio libre. Si este espacio estuviese ocupado por el jugador anticipándose a la llegada del balón, probablemente estaría marcado momentos antes de recibirlo. Se anularán así todas las ventajas que provienen del hecho de la creación y exploración de los espacios de juego. Por tanto, se precisa de una adecuación espacio-temporal en las respuestas ofrecidas por los jugadores ante los diferentes problemas de juego. Es más, la principal misión de ese ajuste espacio-temporal consistirá en otorgar al jugador el mayor tiempo posible para la percepción y análisis de la información, pues mientras de más tiempo disponga, más posibilidades de éxito tendrá. En este sentido, el último autor nombrado asevera que todas las acciones colectivas han de perseguir la ganancia de espacio y de tiempo para que cualquier jugador, en cualquier momento, tenga tiempo para jugar.

Por tanto, la relación entre el tiempo y el espacio es determinante para el desarrollo del juego (Pino, 1999). En este sentido, tanto desde el punto de vista defensivo, como ofensivo, se puede crear mucha incertidumbre en el equipo rival jugando con la ocupación, anulación o creación de espacios libres, así como abocándolo a actuar en el menor tiempo posible. Por tanto, trasladando estos conceptos a los procesos de enseñanza-aprendizaje del fútbol, se hace necesaria una progresión metodológica que permita la adecuación de estos dos factores a las características y posibilidades de los jugadores, teniendo en cuenta que son condicionantes esenciales del nivel de dificultad e incertidumbre (Romero y Vegas, 2002).

En última instancia, haremos referencia a las relaciones entre el factor tiempo y el ritmo de juego, que, según Castelo (1999) y Pino (1999), podemos considerarlo como el determinante de la velocidad de juego, ya que el número de acciones tanto individuales, como colectivas que se produzcan por unidad de tiempo serán las que determinen su velocidad y, en gran medida, la dificultad e incertidumbre que entrañará ese ritmo para el propio equipo y para el equipo rival. En este sentido, y como afirmábamos al comienzo del apartado referido al tiempo, si un equipo es capaz de mantener un ritmo de juego elevado, aunque entrañe más dificultad de realización por la rapidez de sucesión de las acciones, hará que la posibilidad de contrarrestar su juego por parte del equipo rival sea menos efectiva o de aplicación más dificultosa.

2.4.4. LOS PARTICIPANTES Y SU COMUNICACIÓN ESTABLECIENDO UNA RELACIÓN DE COOPERACIÓN/OPOSICIÓN.

Dentro de este análisis que estamos realizando del fútbol como deporte de equipo, es uno de nuestros objetivos realizarlo desde un punto de vista integrado. En este sentido, como ya vimos anteriormente, la naturaleza y el juego del fútbol, debido a su carácter sociomotriz (Parlebas, 1981; Hernández Moreno, 1994), se fundamenta en torno a las relaciones que se establecen entre sus participantes en pos de un objetivo colectivo común. Estas relaciones se cimientan a través de las acciones técnico-tácticas que realizan los jugadores. Es por ello, que dentro de este apartado nos ocuparemos no sólo del factor comunicación motora, sino también del técnico-táctico.

La Comunicación Motora

Pino (1999:54) establece que en el juego de fútbol *se da constantemente la comunicación entre los diferentes componentes de un equipo y los adversarios, a través de la cual es posible el desarrollo y la ejecución de determinadas situaciones de juego (por ejemplo: circulaciones tácticas, esquemas tácticos, etc.), cuyas acciones necesitan una serie de señales, gestos y símbolos que sustituyen a la palabra en determinadas ocasiones, y que favorecen la cooperación entre los miembros de un mismo equipo y a la vez contribuyen a crear mayor incertidumbre en los adversarios.*

Esta comunicación es entendida por Hernández Moreno (1994) y Romero (2000) como formas de interacción que se produce en el desarrollo de la acción de juego y que se concretan en relaciones de cooperación (comunicación) y oposición (contracomunicación). Previamente a estos autores, Parlebas (1977), habla de comunicación directa e indirecta. Para este autor, la comunicación directa se corresponde con las habilidades técnico-tácticas realizadas por los jugadores, tales como pases, lanzamientos, desmarques, etc. Es dentro de este constructo donde cobran sentido los conceptos de comunicación y contracomunicación a los que nos hemos referido anteriormente. La comunicación se basa en una relación de colaboración a través de la transmisión del balón y de la creación y ocupación de espacios que favorezcan la consecución del objetivo común del equipo. Por su parte, la contracomunicación es una relación de oposición que busca dificultar las acciones del equipo adversario. En definitiva, la comunicación se da entre compañeros y la contramunicación entre adversarios (Pino, 1999).

Por su parte, la comunicación indirecta pretende mejorar la comunicación directa mediante diferentes medios, los cuales los podemos dividir, según Hernández Moreno (1994), en lenguaje verbal, gestemas y praxemas.

El lenguaje verbal, según Pino (1999), puede ser un medio eficaz para coordinar la acción colectiva, pero de fácil interpretación por parte de los rivales.

Por su parte, los gestemas son gestos sustitutivos de las palabras y que pretenden ser interpretados sólo por los compañeros (gestemas particulares), como puede ser una señal realizada en el saque de una falta o de un córner, o bien por todos los jugadores (gestemas universales), como pueden ser los gestos del árbitro.

En última instancia, los praxemas *representan el indicador más alto y más complejo de la comunicación motriz* (Pino, 1999:56). Son acciones motrices que sirven como mensaje previo a la ejecución de una interacción motriz directa. Por ejemplo, un jugador que realiza un desmarque está indicando al compañero poseedor de balón que se pretende poner en condiciones de recibir el balón, bien para asegurar su posesión, bien para acercarse a las condiciones óptimas de finalización o aproximación a la meta rival. Del conocimiento del significado de los movimientos de los compañeros y de los rivales, así como de la capacidad de análisis de la situación de juego, dependerá en gran medida el éxito de la actuación del jugador, por lo cual el conocimiento de estos aspectos se hace indispensable e ineludible dentro de los procesos de enseñanza-aprendizaje del fútbol (Ericsson y Charness, 1995; Gardner, 1995; Alves y Aráujo, 1996; Ruiz Pérez y Sánchez Bañuelos, 1997; Garganta, 1997; López Ros, 2000; Izquierdo y Rodríguez, 2001; Stratton, 2001; De La Vega, 2002)

2.4.5. EL FACTOR TÉCNICO-TÁCTICO.

En los análisis que hemos podido consultar en la bibliografía existente, tales como Castelo (1999), Pino (1999), Lago (2000) o Más (2003), se realiza una presentación por separado de los factores técnico y táctico estratégico. En nuestro trabajo, con miras a completar un análisis integrado del juego del fútbol, como ya dijimos con anterioridad, vamos a intentar presentar un análisis de estos factores de forma conjunta. Este hecho lo apoyamos en nuestra creencia de que ninguno de los factores nombrados anteriormente tienen sentido por sí solos sin una correcta aplicación del otro, es decir, la técnica no tiene cabida en el juego sin una correcta aplicación táctica y dentro de unos marcos tácticos y estratégicos adecuados, así como la táctica y la estrategia no conseguirán sus objetivos si la aplicación técnica no es correcta. Por ello, tanto unos factores, como otros, son indispensables a tener en cuenta en la enseñanza y el entrenamiento del deporte (Giménez y Castillo, 2001), y aunque según el deporte en que nos movamos pueden tener unos más importancia que los otros, como afirman Hegedus (1980) y Kunze (1981), en el caso de los de cooperación-oposición, como es el fútbol, tanto el aspecto técnico, como el táctico se erigen como fundamentales para la adecuación de la actuación del jugador a los condicionantes que el juego le presente (López Ros y Castejón, 1998).

Este aspecto cobra especial relevancia dentro de nuestra investigación, pues como veremos en el apartado dedicado al marco metodológico, así como al de análisis de los resultados, dentro del test de juego que van a realizar los jugadores, contemplamos la corrección técnico-táctica de su actuación. En este sentido, han sido muchos los autores que se han aproximado a este problema de estudio, tradicionalmente de una forma parcelada ya que la técnica se ha interpretado durante mucho tiempo como el factor fundamental y básico en la configuración y desarrollo de la acción de juego en los deportes de equipo y, por ende, en el fútbol (Hernández Moreno, 1994). De este modo, la técnica era considerada como un movimiento ideal o un modelo ideal de movimiento (Weineck, 1994,2005), perfectamente definido desde aspectos biomecánicos (Grosser y Neumaier, 1986). Ahora bien, aunque estas aportaciones no carezcan de validez, pierden cierta funcionalidad dentro de los deportes colectivos, pues los gestos técnicos han de ser variados constantemente en función de la situación de juego, haciendo imposible la existencia de dos situaciones similares debido a la alta variabilidad y complejidad de este tipo de deportes (Castejón, 2005), lo cual exige una alta adaptabilidad y flexibilidad en el comportamiento de los jugadores (Gréhaigne, 2001; Garganta y Oliveira, 1985,1996; Garganta, 1995, 1996a, 1996b, 1997). De este modo, la técnica ha de ser vista *como un medio de la táctica, pues implica una ejecución de todos los sistemas de percepción y respuesta del jugador, en relación con las peculiaridades del entorno* (Tavares, 1993).

En definitiva, y entendiendo que el fútbol, debido a su complejidad, variabilidad situacional y alto ritmo de cambio de la misma (Pino, 1999), así como a la gran velocidad en que dichas situaciones se transforman e igualmente a la velocidad de decisión y ejecución que se le exige al jugador (Garganta, 1997, 1999), precisa de un correcto desarrollo coordinativo que le permita ejecutar los gestos técnicos de forma adecuada. Pero la transformación de esa ejecución en habilidad motriz específica va a depender del grado de comprensión del juego, dentro de lo que Garganta (1998) denomina competencia táctico-cognitiva, *en el sentido de solucionar problemas tácticos colectivos e individuales, ya que las acciones técnicas no se pueden separar de la táctica* (Pino, 1999:51).

Por tanto, y en base a lo anterior, en la actuación de un jugador nos movemos dentro de un constructo técnico-táctico, donde aquel ha de adecuar su actuación al ritmo de juego, al número de acontecimientos a tener en cuenta por unidad de tiempo, a la inestabilidad y transitoriedad del medio, al comportamiento de los compañeros y de los adversarios y todo ello dependerá de su creatividad, capacidades de cooperación y de oposición, así como del conocimiento y respeto del reglamento de juego (Pino, 1999). La conjunción de estos aspectos, o mejor dicho, la interrelación de los mismos es lo que, según Castelo (1999) o Pino (1999), conforman el factor táctico-estratégico. En la misma línea que la expresada por Pino (1999) nos encontramos las aportaciones de López Ros y Castejón (1998), cuando señalan que la actuación del jugador ha de adecuarse o ajustarse a las limitaciones reglamentarias, al comportamiento colectivo de los compañeros y de los adversarios y concretarse, en última instancia, en soluciones individuales que respondan a los condicionantes anteriores y que atiendan al bien u objetivo colectivo. Por tanto, la táctica la podemos entender como *la respuesta ante situaciones abiertas que se presentan durante el juego y que se reproduce en un repertorio concreto de gestos que posee el jugador* (Castejon, 2005:1), lo cual aúna en un solo aspecto la esfera técnica, al aludir al repertorio de gestos, y la esfera táctica, al señalar la toma de decisión y la actuación inteligente necesaria para solucionar el problema de juego en que se encuentre el jugador.

Entramos, de esta manera, dentro de los procesos cognitivos que determinarán dicha actuación inteligente, y que serán objeto de desarrollo del apartado específico que se incluirá más adelante para el tratamiento de los mismos.

En última instancia dentro de este apartado, y como conexión entre el factor de comunicación motora y el factor técnico-táctico, hemos de decir que éste último actúa como medio del anterior, pues, en resumida cuentas, el fútbol hemos de entenderlo como un foro de comunicaciones, en base a actuaciones o comportamientos motrices, y que han de ser emitidas con el fin de ser recibidas e interpretadas por nuestros compañeros, haciéndolas lo menos visibles o perceptibles para los rivales. De este modo, la comunicación directa se corresponderá a los gestos técnicos que se suceden en el juego, mientras que la comunicación indirecta hará referencia al conocimiento y comprensión táctica del juego, en base a la cual serán interpretados los anteriores gestos técnicos, a la vez que seleccionados los más adecuados para responder a los condicionantes de la situación de juego en que nos encontremos.

En fin, tras la exposición de todos los factores estructurales del juego a los que hemos hecho referencia con anterioridad, podemos afirmar que *la estructura del fútbol es la integración de los elementos que lo componen, y que configuran la lógica interna del juego mediante la dinámica y las transformaciones que se dan dentro del sistema* (Romero, 2006:12). Son, por tanto, todos ellos, elementos a manipular en la enseñanza y el entrenamiento del fútbol, así como misión del entrenador adaptarlos a las características, necesidades y posibilidades de sus jugadores, conformando una progresión metodológica que lleve al jugador desde una etapa inicial de contacto con el deporte que nos ocupa, hasta la búsqueda de eficacia y eficiencia en su actuación, como ya incluimos en el apartado referido al fútbol base, cuando nos ocupábamos de la iniciación deportiva y de las propuestas realizadas por distintos autores para la enseñanza del fútbol.

2.5. ANÁLISIS FUNCIONAL DEL FÚTBOL.

Consideramos que la anterior aproximación al análisis del fútbol otorga gran información acerca de su naturaleza, pero queda descontextualizada si no se completa con un análisis funcional del juego. Si bien el análisis estructural pretende el conocimiento, como su propio nombre indica, de la estructura del fútbol y de su juego, el análisis funcional se ocupa de las diferentes funciones que se dan dentro del mismo, ubicándose dentro de las corrientes propias del funcionalismo, que conciben un sistema social como la suma o, mejor dicho, integración de todas las funciones individuales que en él se dan, pues como afirma Durkheim (1997), todos los aspectos e integrantes de una sociedad tienen una finalidad, lo cual trasladándolo al campo del fútbol nos serviría para argumentar que todos y cada uno de los jugadores han de tener y tienen una función dentro del comportamiento colectivo del equipo. Por tanto, consideramos que el análisis estructural y el funcional se complementan entre ellos para producir un mejor conocimiento y aproximación a la enseñanza y entrenamiento del fútbol. Mientras el estructuralismo se centra en el estudio de las partes que conforma una estructura, la cual consideran como la suma de dichas partes, el funcionalismo considera que el funcionamiento de un sistema o una estructura se produce por la integración de las funciones o cometidos de cada una de las partes que la conforman.

Llevando estos aspectos al entramado deportivo, el funcionalismo consideraría *a los jugadores de uno y otro equipo como realidades psicobioló-*

gicas, que interaccionan entre sí, conformando una estructura y desempeñando cada uno de ellos unos roles, para que cada equipo funcione como un todo en aras de la finalidad impuesta por el desarrollo del juego (Romero, 2006:14). Por su parte, un equipo de fútbol, según sigue afirmando el mismo autor, *es considerado como un grupo social que se rige por una serie de vínculos entre sus integrantes (los jugadores), que cumplen una función dentro del conjunto y responden a una necesidad impuesta por el desarrollo de la competición.*

El análisis funcional del fútbol ha de organizarse en torno a varios aspectos, los cuales son, según Romero (2006), los siguientes:

- Fases del juego.
- Principios del juego.
- Acciones del juego.
- Rol estratégico.
- Intenciones tácticas.

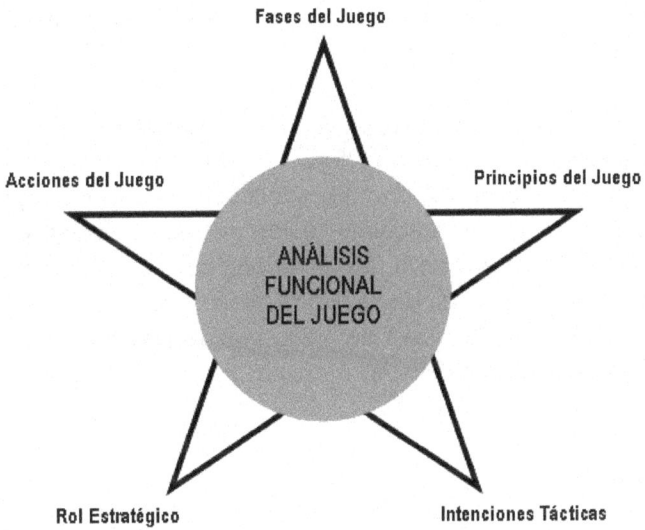

Figura 7. Ejes del análisis funcional del juego del fútbol

En anteriores ocasiones hemos hablado del carácter complejo del juego del fútbol, debido a su gran variabilidad y a la rapidez con que van cambiando las situaciones de juego (Garganta, 1998; Pino, 1999). Este dinamismo es el causante de la conjunción de las diferentes funciones que ejercen cada uno de los elementos que confluyen el juego, o lo que es lo mismo, de la actuación de cada uno de los jugadores en pos del objetivo común y mediante la adecuación de su conducta a los elementos estructurales que condicionan las diferentes situaciones de juego (Romero, 2000; Ardá y Casal, 2003).

Nos centraremos a continuación, por tanto, en las funciones de los jugadores dentro del juego. El punto de partida lo hemos de cifrar en torno a las aportaciones de Bayer (1979), que plantea el análisis del juego en función de dos posibilidades o fases que vienen determinadas por la posesión o no del balón por parte del equipo:

- Fase de ataque: se corresponde a los momentos en que el equipo está en posesión del balón y, por tanto, se encuentra elaborando el juego ofensivo, con el fin de ganar espacio, aproximarse a la meta contraria y, a ser posible, finalizar para buscar la obtención de un tanto o gol.
- Fase de defensa: se corresponde a los momentos en que el equipo no está en posesión del balón, con lo cual ha de asegurar su propia meta, evitando el avance del equipo rival, para posteriormente intentar recuperar la iniciativa en el juego mediante la recuperación del balón.

En torno a la anterior propuesta existen consideraciones posteriores, como por ejemplo la de Castelo (1993,2004), que prefiere hablar de fase de ataque a la portería contraria, identificándola con la fase de ataque de Bayer (1979) y, por otro la fase de ataque al equipo rival, con el objetivo de recuperar el balón y poder entrar en la fase anterior. Esta fase, por tanto se correspondería a la fase de defensa de Bayer (1979). Los motivos de este autor son presentar una visión de las fases de juego más activas o positivas, pues, en sus propias palabras, atacar siempre es más motivante y atractivo que defender.

Otra de las aproximaciones es la realizada por Ardá (1998), que en su trabajo sobre análisis de la acción ofensiva del fútbol a 7, distingue dentro de esta fase ofensiva dos subcategorías. Por un lado habla de la fase de inicio de la acción ofensiva y por otra la de construcción y desarrollo ofensivo.

Estos aspectos resultan vitales dentro del análisis que haremos de la actuación de los jugadores que han participado en la investigación en el test de juego de 2vs2, el cual se explicará con más detenimiento y profundidad dentro del capítulo dedicado al marco metodológico y el dedicado al análisis de los resultados.

Fases del Juego de Fútbol		
Bayer (1979)	Fase de Ataque	
	Fase de Defensa	
Castelo (1993,2004)	Fase de ataque a la portería contraria para conseguir gol.	
	Fase de ataque al equipo rival para recuperar el balón.	
Ardá y Anguera (1999)	Proceso Ofensivo	Inicio de la acción ofensiva
		Construcción y desarrollo defensivo
	Proceso defensivo	

Tabla 29. Fases del juego de fútbol según diferentes autores.

El siguiente paso, dentro del análisis funcional del fútbol, sería hacer alusión a los principios de juego de las diferentes fases del mismo, pues serán dichos principios los que habrán de ser respetados por los jugadores en el cumplimiento de sus diferentes funciones. Romero (2006) los interpreta como *esencias del juego que determinan los diversos momentos o sucesos de las fases que rigen y sus formas de proceder en el juego ofensivo o el juego defensivo*. Por su parte, Lago (2000) se refiere a los principios del juego como un conjunto de normas que orientan al jugador, dentro del marco colectivo, para la búsqueda de soluciones eficaces ante la situación de juego en que se encuentren.

Dichos principios de juego son según Pino (1999), para la fase de ataque: conservar el balón, progresar hacia la portería contraria y conseguir marcar. Por su parte, para la fase de defensa, son recuperar el balón, evitar el avance del equipo contrario y evitar la consecución del tanto.

Ahora bien, tanto Queiroz (1983), como Garganta y Pinto (1998), aluden a otra serie de principios del juego de la fase de ataque, que aunque no contradicen los anteriores, si profundizan en la actuación de los jugadores en dicha fase. Para estos autores, los principios que han de regir la actuación ofensiva de los jugadores han de partir de la penetración, como vía primordial para aproximar el balón a la meta contraria, aspecto vital para conseguir el objetivo esencial del juego. Para ello, los jugadores han de realizar la que denominan cobertura ofensiva, en tanto en cuanto han de permitir al jugador con balón avanzar con él y hacerlo en la situación de juego más favorable para ello. Este hecho será factible siempre que se respete el principio de la movilidad, en base al cual los jugadores compañeros del poseedor de balón han de, mediante sus movimientos, o bien permitir el avance del poseedor del balón hacia la meta contraria, o si no es posible, asegurar la posesión del balón o el avance de éste hacia la misma. Es precisamente en pos de esta tarea por la que los jugadores han de responder al último principio de juego comentado por estos autores, esto es, el de creación y ampliación del espacio, con el objetivo de facilitar tanto la posesión, como la progresión del balón.

Al igual que ocurría con los principios del juego señalados por Pino (1999), ante los principios reseñados por Queiroz (1983) y Garganta y Pinto (1998), Ardá y Casal (2003) señalan la aparición de cuatro principios contrapuestos a los mismos. Es por ello que el primer principio específico de la defensa será el de contención, como medio para cerrar rápidamente la progresión o el espacio por el que está progresando el equipo contrario. Es por tanto el principio antagónico a la penetración. Esta contención se basa, primordialmente, como señalan Ardá y Casal (2003), en una situación de 1x1, con lo cual es muy arriesgada para el equipo rival. Es por ello que el siguiente principio a respetar será el de la cobertura defensiva, cuyo primordial objetivo será crear lo antes posible superioridad numérica defensiva. Una vez que se consiga esto se ha de buscar el equilibrio, que constituye el tercer principio de la fase de juego de defensa. El objetivo de este principio es organizar el juego defensivo y asegurar, al menos, la igualdad numérica en las diversas zonas del campo, pero, siempre que sea posible jugar en ventaja numérica, por lo cual el principio de cobertura defensiva ha de segur presente. En última instancia y, cuando se haya logrado el equilibrio, el equipo ha de trabajar en la reducción del espacio de juego para el rival, con lo cual limitarán sus posibilidades de actuación y por tanto aumentarán su incertidumbre.

Aunque ambas propuestas parten de la misma realidad y cada uno de los principios incluidos en ellas atiende a aspectos similares, consideramos que la ofrecida por los últimos autores nombrados es más integradora y responde con mayor concreción a la naturaleza del juego y a los cometidos de los jugadores en él.

	Principios de Juego del Fútbol	
	Bayer (1979), Pino (1999), Romero (2000)	Queiroz (1983), Garganta y Pinto (1998), Ardá y Casal (2003).
Fase de Ataque	- Conservar el balón. - Progresar hacia la portería contraria. - Conseguir marcar.	- Penetración. - Cobertura Ofensiva. - Movilidad. - Creación y ampliación del espacio.
Fase de Defensa	- Recuperar el balón. - Evitar el avance del equipo contrario. - Evitar la consecución del tanto.	- Contención. - Cobertura Defensiva. - Equilibrio. - Reducción de espacio.

Tabla 30. Principios del juego del fútbol.

En definitiva, los principios del juego vienen a determinar, como hemos visto anteriormente, las funciones de los jugadores en las diferentes fases del juego.

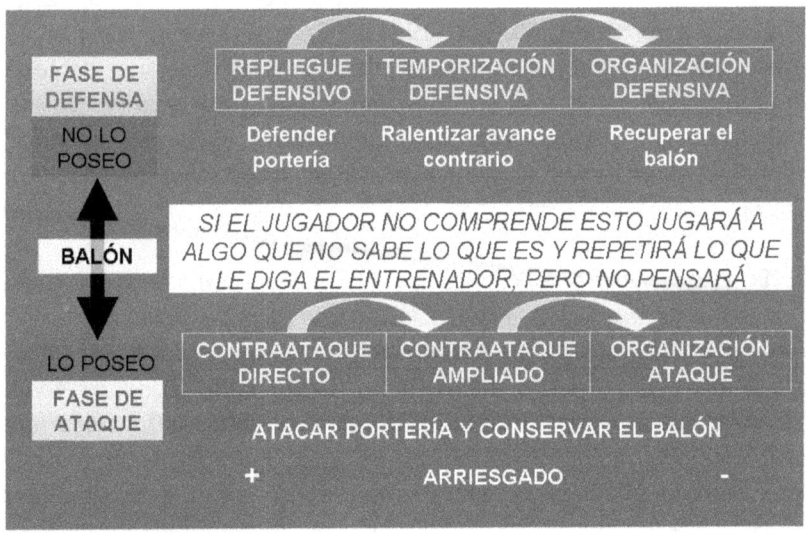

Figura 8. Funciones de los jugadores en función del momento de las fases del juego

Profundizando en el anterior aspecto, hemos de hacer referencia a la necesidad de que los jugadores comprendan sus funciones y actúen en consecuencia con las mismas y en función del momento de la fase de juego en que se encuentre. En este sentido, y haciendo referencia a los planteamientos cognitivos del entrenamiento y de la enseñanza, auspiciado por los enfoques alternativos y constructivos, el jugador no ha de limitarse a realizar acciones, gestos. La elección de los mismos ha de responder a criterios de creatividad y de conocimiento de la situación de juego en que se encuentre (Wein, 1995; Mombaerts, 1996; Onofre, De la Torre y Velázquez, 2001; Garganta, 2004; Castejón, 2005). Esto nos sirve para introducir el siguiente aspecto a tratar, que no es otro que el de las acciones de juego.

Dichas acciones han de ser interpretadas como problemas que se presentan en el juego y que cada jugador y equipo habrá de resolver atendiendo a los principios de las fases del mismo, a la posesión o no del balón y, por tanto, a las funciones que cada jugador ha de desempeñar en pos de la consecución de los objetivos que se persigan y que vienen dados por las citadas fases. Asimismo, han de responder a las relaciones de cooperación con los compañeros y de oposición con los adversarios (Romero, 2000).

Ahora bien, la intervención de los jugadores, las diferentes acciones que desarrollan en el juego, en definitiva, las habilidades motrices específicas que ponen en liza para la consecución de los objetivos del juego, viene determinada, no sólo por el disfrute o no de la posesión del balón por parte del equipo al que pertenece el jugador, sino que atendiendo a las propuestas de Bayer (1979) y Hernández Moreno (1994,2000), está determinada por los diferentes roles que han de ir asumiendo dentro de las relaciones de comunicación motriz que establecen con sus compañeros y adversarios. Dichos roles *adquieren significación mediante la interacción y el cambio constante, en función de la alternancia o el mantenimiento de las acciones de juego* (Romero, 2006).

En este sentido, el rol estratégico es *el papel asumido por el jugador en una situación de juego, al que se le asocian una serie de funciones o acciones motoras y decisiones motoras propias del juego, que le confieren un modo propio de actuación y que lo diferencian de otro u otros jugadores, toda vez que él o los que posean el mismo rol estratégico motor, son los que pueden realizar esas determinadas funciones o acciones y decisiones motoras* (Hernández Moreno, 2000:63). Dicho rol, interpretado como el papel o función que juega cada jugador dentro del equipo, vendrá determinado por la situación en que éste se encuentre y su interacción con el balón, con el espacio, así como por la comunicación motriz que establezca con los compañeros y adversarios. Por tanto, en función de la situación de juego nos podemos encontrar con los roles estratégicos que recogemos en la tabla 31.

ROLES ESTRATÉGICOS DEL JUGADOR DE FÚTBOL	
FASE DE ATAQUE	Jugador con balón
	Compañero del poseedor del balón
FASE DE DEFENSA	Oponente directo del poseedor de balón
	Oponente directo de atacante sin balón e indirecto del poseedor de balón

Tabla 31. Roles estratégicos del jugador de fútbol en función de la posesión del balón.

Ahora bien, el juego de fútbol se construye en base a su alta variabilidad, así como a la velocidad con que cambian las situaciones de juego (Tavares, 1993; Garganta, 1996, 1997, 1999; Castelo, 1999; Pino, 1999; Greháigne, 2001; Castejón, 2005), por lo cual el rol estratégico ha de ser entendido dentro de un dinamismo que hace que cambie constantemente en función de los condicionantes del juego (Jiménez, 2000).

La concreción de los roles estratégicos se realiza en las intenciones tácticas o subroles estratégicos, los cuales son definidos por Hernández Moreno (2000:63) como *cada una de las posibles conductas de decisión que el jugador puede asumir y realizar durante el desarrollo del juego. Es, por tanto, la unidad conductual de base de la acción estratégica motora.* Romero (2006) intenta clarificar el concepto señalando que se corresponden con los propósitos del jugador en cada fase del juego y con respecto al cumplimiento de cada uno de los principios del juego. En un intento de concretar este aspecto recogemos en la tabla 32 los roles e intenciones tácticas de la fase de ataque y en la tabla 33 los de la fase de defensa.

Roles e Intenciones Tácticas en la Fase de Ataque	
Rol	Intención táctica
Jugador con balón	- Poner el balón en juego - Continuar o avanzar con el balón - Temporizar y proteger el balón - Desbordar o superar al adversario para evitarlo. - Pasar el balón o relacionarse con los compañeros. - Tirar a puerta para finalizar logrando el gol. - Ampliar o reducir espacios - Fijar-movilizar-distraer,...
Jugador sin el balón	- Avanzar hacia la portería adversaria manteniendo una relación con el poseedor del balón, su línea y con las del resto del equipo. - Ocupar una posición en el ataque que pueda beneficiar al equipo: Fijar-movilizar-alejar-atraer. - Desmarcarse para recibir el balón. - Apoyar a un compañero para que mantenga el equipo el balón o pueda progresar hacia la portería adversaria. - Ampliar o reducir espacios mediante sus movimientos. - Inhibirse.

Tabla 32. Roles e intenciones tácticas del jugador de fútbol en la fase de ataque.

Roles e Intenciones Tácticas en la Fase de Defensa	
Rol	Intención táctica
Defensor del atacante con balón (oponente directo del poseedor de balón)	- Ocupar una posición que permita orientar la marca. - Fijar la marca y controlar la distancia del poseedor. - Temporizar, acosar para disuadir el pase o frenar la iniciativa al equipo adversario. - Entrar y desposeer arrebatándole el balón al adversario. - Interceptar el balón - Control del no poseedor para poder percibir posibles intenciones del poseedor.
Defensor del atacante (oponente no directo del poseedor del balón)	- Volver a la posición o zona de defensa asignada - Ocupar una posición que permita orientar la marca del no poseedor del balón. - Fijar la marca y orientarse con respecto a la posible línea de pase y la propia portería. - Disuadir el pase, inhabilitando al jugador. - Cerrar espacios de progresión ofreciendo a los adversarios espacios exteriores o más alejados de la portería propia - Interceptar el balón - Interceptar el desplazamiento del adversario- - Despejar. - Anticiparse a la acción que pueda hacer el adversario - Ayudar a un compañero o a una línea.

Tabla 33. Roles e intenciones tácticas del jugador de fútbol en la fase de defensa.

En definitiva, a través del anterior análisis hemos ido desmenuzando la naturaleza del juego de fútbol, partiendo de los elementos estructurales del mismo y que, por tanto, lo configuran, hasta las funciones de cada uno de los integrantes de los equipos que se enfrentan en la relación antagónica de cooperación/oposición en busca de la consecución de sus objetivos.

2.6. LA ORGANIZACIÓN COMPLEJA DEL FÚTBOL.

Tras los análisis realizados anteriormente, hemos de llegar a una conclusión clara que alude a la complejidad del juego del fútbol, pues, además de depender de una serie de factores estructurales, estos, permiten e incluso lo abocan a una variabilidad continua, que demanda de los jugadores una alta capacidad de adaptación. El enfrentamiento y la oposición entre los dos equipos genera imprevistos y las necesidad constante de adaptarse a las limitaciones que surgen de estos acontecimientos (Gréhaigne, 2001). Es por ello que Romero (2006:21) señala que *si queremos efectuar un análisis del fútbol deberíamos hacerlo desde una perspectiva sistémica y compleja, apoyándonos en el concepto de sistema y la organización del mismo*.

En este sentido, hemos de realizar una aproximación al concepto de sistema. Desde un ámbito genérico un sistema es *un conjunto organizado de elementos interrelacionados entre sí que contribuyen a un mismo objetivo dentro de un entorno. Conjunto de cosas que ordenadamente relacionados entre sí contribuyen a un determinado objeto* (D.R.A.L.E).

Por su parte, el Diccionario Enciclopédico Santillana (1992. p.1318) nos dice que un sistema es un *conjunto de elementos estructurados entre sí, de modo que constituyen un todo estructurado o una unidad. Conjunto organizado de principios, reglas, instituciones, etc. que rigen u ordenan una cosa*.

Acercándonos más a nuestro campo, el Diccionario Temático de los Deportes (Morales y Guzmán, 2000:541) nos dice que un sistema es *un conjunto de reglas o principios sobre una materia racionalmente enlazada entre sí, y, a su vez nos invita a consultar el concepto de sistema de juego, el cual, supone una organización de las acciones comunes de los jugadores, en la que cada miembro del equipo tiene una determinadas funciones específicas y todos los jugadores están distribuidos en el campo según un cierto patrón. Es la forma general de organización de las acciones ofensivas o defensivas de los jugadores, por el establecimiento de un dispositivo preciso, de ciertas tareas – para usos y comportamientos-, así como de ciertos principios de colaboración entre ellos* (Ibídem, 2000:552).

En todo lo recogido anteriormente podemos comprobar como un sistema, dentro de los deportes, y concretamente en los deportes colectivos de cooperación/oposición, como es el caso del fútbol, alude a una serie de aspectos muy importantes para el conocimiento y desarrollo del juego, como son:

- Organización.
- Determinación de acciones comunes.
- Distribución espacial.
- Patrón de juego.
- Tareas.
- Principios de colaboración.

Por tanto, el enfoque sistémico del fútbol pretende reconocer las propiedades y principios de interacción dinámica entre el conjunto de y eventos que intervienen en el juego. Esto es, parte del conocimiento de la estructura del juego (análisis estructural), se apoya en las funciones de cada uno de esos elementos (análisis funcional) y se ocupa, primordialmente, del estudio de la interacción que se produce entre esas funciones y los resultados de la misma.

Es precisamente dicho resultado, el fruto de la construcción colectiva de la acción de juego mediante la interacción de los jugadores que participan en aquellas secuencias o acontecimientos que se van dando dentro de las relaciones de cooperación/oposición y que, a su vez, va originando la complejidad del juego. En este sentido, Pintor (1988) habla de la necesidad de establecer *un modelo de funcionamiento que debe orientar y regular el comportamiento colectivo, o lo que es igual, que proporcione las bases, las pautas por las que se han de regir las acciones individuales de los diversos componentes del equipo orientadas en una sola dirección: el logro colectivo.* Esta afirmación cobra aún más sentido si nos apoyamos en las aportaciones de Martín y Lago (2005) y Lago, Martín, Seirul´lo y Álvaro (2006), que señalan que las conductas desarrolladas por los jugadores no son explicables directamente a partir de los atributos personales y de forma descontextualizada del juego, pues dependen, en gran medida, de la elección de otros, es decir, de la interacción de cooperación/oposición, la cual condiciona la solución adoptada por el jugador. Son estas condiciones las que configuran el análisis del fútbol como sistema complejo. De este modo, *el problema vendría dado por las relaciones entre los jugadores y la regulación de la dinámica de los procesos. Estamos aludiendo, por tanto, a la complejidad, al estar los sistemas compuestos por diversos elementos o subsistemas (jugadores y grupos), tener que interrelacionarse y adaptarse al entorno, maniobrando o actuando en el contexto de la competición, para lograr los objetivos propuestos* (Romero, 2006).

Como podemos comprobar, reiteramos una y otra vez la complejidad del fútbol, que viene dada, según Castelo (1999, 2004), por el gran número de jugadores con misiones tácticas específicas y especializadas (portero, defensas, centrocampistas, delanteros) y capacidades técnicas, tácticas, físicas y psicológicas diferentes, las cuales deben interactuar entre sí de forma armoniosa para que la organización del equipo consiga elevados niveles de eficacia y, a ser posible, eficiencia. En otras palabras, *el fútbol como un deporte de organización compleja, se desarrolla en un entorno en el que se presentan situaciones cambiantes en el desarrollo de la competición. Para poder desenvolverse con facilidad y eficacia es necesario una adaptación y regulación a factores externos, mediante la información periférica o visual e interactuando mediante la cooperación y oposición de manera congruente con las distintas fases del juego (ataque/defensa), de acuerdo a los respectivos objetivos respecto a la posesión o no del balón* (Romero, 2006).

Es dentro de este contexto variable donde, *tanto a nivel individual como grupal, se tratará de eliminar, autoorganizándose y racionalizando la complejidad con el fin de predecirla y controlarla* (García, 2000:23). Dicha complejidad, debido al resultado incierto, requeire de respuestas reguladoras y adaptativas a las influencias del entorno mediante interacciones entre los jugadores, para que el equipo pueda organizarse con el fin de lograr sus propósitos, buscando la organización del desorden mantenido del juego y cierto orden que ayude a decidir en un entorno no previsible del todo (Gréhaigne, 2001).

Por tanto, los jugadores, para la realización de esta tarea precisan de una alta dosis de regulación motora y capacidades perceptivo-motrices que le permitan adaptarse al entorno incierto del juego del fútbol y reajustar sus movimientos y decisiones en función de los roles que tenga que ir asumiendo, del comportamiento de sus compañeros y adversarios y de una adecuada estructuración espacio-temporal de su actuación dentro de las diversas y variables acciones del juego. En definitiva, y, una vez más, una serie de recursos que le permitan desenvolverse dentro de un entramado muy complejo. Es por ello, que tras este apartado nos parece oportuno incluir uno dedicado a los procesos cognitivos necesarios en el fútbol, que serán los que, en última instancia permitan el mejor ajuste a las demandas del juego, pues permitirán la utilización de la conducta motriz en la estructura espacio-temporal adecuada para la consecución de los objetivos propuestos.

Ahora bien, y previo al tratamiento de los mismos, nos parece necesario prestar atención a las habilidades que el jugador ha de manejar para desenvolverse en dicho entramado de juego.

2.7. LAS HABILIDADES MOTRICES EN EL FÚTBOL

De todo lo expuesto anteriormente se puede desprender que para poder participar en el juego del fútbol se hace necesaria una motricidad que permita el desenvolvimiento del deportista dentro del contexto o medio donde se despliega y la relación que es capaz de establecer con los compañeros y los adversarios. Por lo tanto nos encontramos con la necesidad de una capacidad adquirida por la práctica y/o el aprendizaje de dar respuestas adecuadas a las exigencias que se presentan en el entramado sociomotriz del juego (Romero, 2000), las cuales se concretan en habilidades motrices deportivas.

En este sentido, consideramos oportuno realizar una caracterización de los diferentes tipos de habilidades motrices deportivas, las cuales recogemos en la tabla 34, que mostramos en la siguiente página.

TIPOS DE HABILIDADES MOTRICES DEPORTIVAS			
ASPECTO DE CLASIFICACIÓN	AUTOR	TIPOS	
Participación Corporal o grado de precisión	Cratty (1973)	Global	Cuando intervienen grandes grupos musculares
		Fina	Cuando intervienen pequeños grupos musculares
		Según Ruiz Pérez (1994:98), esta clasificación ha de basarse en un continuum desde ambos extremos introducidos por Cratty	
Grado del control del sujeto sobre la habilidad o del ambiente sobre el sujeto que aprende	Singer (1980)	Regulación interna	El sujeto decide cuando comienza y acaba el ritmo de ejecución.
		R. Externa o Mixta	La influencia de las condiciones ambientales (compañeros, adversarios,...) hace que se tenga que adaptar dicha ejecución a los condicionantes externos.
	Poulton (1957) Knapp (1975)	Abiertas	Contexto espacio-temporal cambiante
		Cerradas	Contexto espacio-temporal estable
En función de su carácter continuo o discontinuo	Holding (1981)	Discretas	Principio y fin observables
		Continuas	Habilidades de carácter cíclico
En función de la disponibilidad de retroalimentación y de la participación cognitiva	Knapp (1977)	Predominantemente perceptivas	Necesidad perceptiva y toma de decisiones elevada.
		Predominantemente habituales	Necesidad perceptiva y toma de decisiones no elevada.
	Extraído de Ruiz Pérez (1994)	Retroalimentación terminal	El ejecutante no puede recibir información de su ejecución hasta haber terminado la misma
		Retroalimentación continua	Se va recibiendo información mientras se está actuando.

Tabla 34. Clasificación de las habilidades y destrezas motrices deportivas. Extraído de Ruiz Pérez (1994:96 y ss.)

Si nos centramos en las habilidades propias de los juegos deportivos colectivos, donde se encuadra el fútbol, diremos que son globales, abiertas, de regulación externa y predominantemente perceptivas (Pino, 1999; Más, 2003, Romero, 2000,2005), pudiendo ser, en función de la situación de juego, de retroalimentación terminal o continua y de carácter discreto o continuo.

Analizando las aportaciones que realizan los autores recogidos en la tabla 35, las características de las habilidades propias de los juegos deportivos colectivos, están determinadas por su necesidad de adaptación al entorno cambiante en el que se desarrolla la acción de juego. En este sentido (Lago y López Graña, 2001) afirman que *la naturaleza cambiante de los episodios lúdicos que conforman cada unidad de competición, resultado de los efectos de agregación de las acciones individuales de los participantes, determina que las adaptaciones técnico-coordinativas que los jugadores realizan durante la ejecución de sus acciones motrices se manifiestan en el juego mediante respuestas espacio-temporales diversas e impredecibles (...). El éxito de las soluciones técnico-tácticas individuales propuestas por los deportistas depende no sólo de la selección del gesto adecuado para superar la situación de juego concreta, sino también por la exactitud de la elección de los objetivos que se persiguen, la adecuación espacial y temporal de los programas de respuesta utilizados para alcanzar los objetivos fijados y la velocidad de precisión en la ejecución del movimiento.*

Los anteriores aspectos hacen ver la complejidad de los juegos deportivos colectivos y, por tanto, del fútbol, como un *deporte colectivo donde se produce una interacción motriz entre los participantes. Como consecuencia de la presencia de compañeros y adversarios, utilizándose un espacio común (estandarizado y sin incertidumbre) y con una participación simultánea mediante una cooperación/oposición* (Romero, 2000). Según esta definición, el jugador ha de adaptar sus acciones y el uso de sus habilidades técnico-tácticas a la actuación de sus compañeros y adversarios, al espacio de juego del que disponga en función de los movimientos de los anteriores, así como de la proximidad o lejanía de las metas, tanto de la propia, como de la contraria y todo ello respetando las limitaciones reglamentarias en consonancia con lo que plantea Castelo (1999) como factores condicionantes de la actuación en el juego. Por tanto, los procesos cognitivos se erigen como primordiales en el desarrollo del juego en fútbol y por tanto han de ser tenidos muy en cuenta en la enseñanza y entrenamiento del mismo.

Nos centramos en el próximo apartado en el tratamiento de los procesos cognitivos inherentes o necesarios en el juego del fútbol, y, por ende, en su proceso de entrenamiento y de enseñanza-aprendizaje.

Capítulo III

LOS PROCESOS COGNITIVOS EN EL FÚTBOL

3.1. INTRODUCCIÓN.

Durante más de la mitad del siglo XX, las creencias de la Psicología del desarrollo referían que el desarrollo motor no era más que el fruto de la maduración del sistema motor y nervioso de los niños. En base a esto, las habilidades motrices y su desarrollo eran consideradas como una parte ajena de las investigaciones y estudios sobre el desarrollo cognitivo (Lee, 2000). En la misma línea se expresan Domínguez y Espeso (2002), cuando señalan que *durante muchas décadas los investigadores han obviado la importancia que tienen los procesos cognitivos en el desarrollo de la competencia motriz*. Es más, Gallagher y Thomas (1986) argumentan que en el aprendizaje motor no se suele involucrar a los niños, ni ellos lo hacen espontáneamente, mediante estrategias cognitivas en la adquisición de habilidades motrices.

Las últimas décadas se han visto protagonizadas por un cambio en la concepción del desarrollo motor infantil, ya que de la perspectiva anterior, basada en el producto, en la cuantitatividad del desarrollo, *se pasa a una posición que pretende la comprensión de los procesos y que cuestiona la repetición mecánica como base para la adquisición de nuevas formas hábiles de movimiento* (Ruiz Pérez y cols., 2001). *Actualmente la mayoría de los autores hablan del enfoque cognitivo a la hora de explicar que fenómenos se producen cuando se aprende algo, es decir, se entiende que el niño desarrolla una serie de procesos mentales que van a ser determinantes en el aprendizaje deportivo* (Domínguez y Espeso, 2002). En este sentido, Gautier, Tarr, Anderson, Skuldarsky y Gore (1999), cit. por Gilar (2003), señalan que la pericia en un determinado dominio lleva asociada la especialización de las zonas fusiformes del cerebro, lo cual demuestra la implicación del mismo. Asimismo, en los datos obtenidos a través de sus investigaciones, permiten a Thelen y Smith, cit. por Lee (2000:91), postular que *las habilidades motrices se desarrollan de igual manera al resto de habilidades cognitivas*.

La interpretación y acercamiento a los procesos cognitivos por los cuales el sujeto aprende ha pasado por varias etapas, y a modo general, podemos decir que, apoyándonos en León y Rodríguez (2005), se ha basado en tres perspectivas:

- Perspectiva Factorial o Diferencial: la inteligencia es vista como un conjunto de factores organizados de forma jerárquica, que se relacionan entre sí para formar estructuras cada vez más complejas. Dentro de esta perspectiva cobra valor el concepto de habilidad cognitiva, como aptitud necesaria para el pensamiento y razonamiento abstracto.

- Perspectiva Genética o Neuropsicológica: señala que la inteligencia es un proceso evolutivo y que las operaciones y procesos mentales son el resultado de las conexiones-descargas eléctricas de determinadas neuronas, creándose programas que permiten al sujeto aprender situaciones nuevas, tras la valoración que hace el mismo de dicha situación y la elección de un programa previo, o la producción de una nueva interconexión, que dará respuesta a la situación planteada.

- Perspectiva Cognitiva y Social-Cognitiva: Se opone al concepto estático de inteligencia y a que ésta venga determinada de forma exclusiva por factores genéticos e innatos. Señalan la importancia de aspectos ambientales, culturales y socioeconómicos en el desarrollo de la misma. Precisamente la posibilidad de desarrollarla y modificarla constituyen la base de los planteamientos de diversas teorías sobre el aprendizaje cognitivo:

    - *Teoría de la modificabilidad cognitiva:*
        - *Teoría de la Zona de Desarrollo Próximo de Vigotsky y Luria (1976).*
        - *Teoría del Potencial de Aprendizaje de Feuerstein (1980).*
    - *Teoría de la Inteligencia Múltiple de Gardner (1983).*
    - *Teoría Triárquica de Sternberg (1985).*
    - *Teorías basadas en el procesamiento de la información.*

Trasladando lo anterior al campo del desarrollo motor y de las habilidades motrices, podemos decir que se ha pasado de un posicionamiento general, en el que se interpretaba al aprendiz como una "persona a rellenar", a una interpretación en la que el sujeto se concebía como un ser capaz de pensar, imaginar, sentir y decidir (Ruiz Pérez y cols., 2001). Aunque esta nueva corriente se fue instaurando a partir de la mitad del siglo XX, podemos señalar los trabajos de Bruner (1961) y Piaget (1969) como los precursores de la misma, y en el ámbito concreto del desarrollo motor son las investigaciones de Keogh (1981), cit. por Ruiz Pérez y cols (2001), las que impulsan la consideración del papel de los mecanismos perceptivo-cognitivos en el control de las acciones motrices.

En nuestra investigación, partimos de posiciones cercanas a la última perspectiva nombrada, considerando que la inteligencia para el juego del fútbol no es ni hierática o estable, ni determinada únicamente por factores innatos o genéticos, en consonancia, en cierto modo, con la ya nombrada en otras ocasiones, teoría de la práctica deliberada, donde Ericsson, Krampe y

Tesch-Römmer (1993), en el ámbito general, y Helsen, Starkes y Hodges (1998), en el ámbito concreto del fútbol, vienen a señalar que alcanzar altos niveles de prestación en una determinada disciplina depende en más medida de factores motivacionales y del tipo de práctica desarrollados, así como de las oportunidades y condiciones de la misma, que de factores genéticos.

Tras el apartado en el que hemos hecho referencia al fútbol como deporte de equipo, al análisis estructural del mismo y a las habilidades necesarias para desenvolverse en su práctica, hemos podido valorar su complejidad. Ésta viene producida principalmente por estar caracterizado por habilidades abiertas, de regulación externa y sometidas a las múltiples posibilidades que se le presentan al jugador en cada una de las situaciones de juego en que se encuentre, ya que el fútbol, como hemos tratado en el apartado II.2., es un *deporte colectivo donde se produce una interacción motriz entre los participantes, como consecuencia de la presencia de compañeros y adversarios, utilizándose un espacio común (estandarizado y sin incertidumbre) y con una participación simultánea mediante una cooperación/oposición* (Romero, 2000). En este sentido, Lago y López Graña (2001), afirman que *la naturaleza cambiante de los episodios lúdicos que conforman cada unidad de competición, resultado de los efectos de agregación de las acciones individuales de los participantes, determina que las adaptaciones técnico-coordinativas que los jugadores realizan durante la ejecución de sus acciones motrices se manifiestan en el juego mediante respuestas espacio-temporales diversas e impredecibles (...). El éxito de las soluciones técnico-tácticas individuales propuestas por los deportistas depende no sólo de la selección del gesto adecuado para supe-rar la situación de juego concreta, sino también por la exactitud de la elección de los objetivos que se persiguen, la adecuación espacial y temporal de los programas de respuesta utilizados para alcanzar los objetivos fijados y la velocidad de precisión en la ejecución del movimiento.* En definitiva, *el juego se presenta como un fenómeno de entornos variables en el cual las ocurrencias se entroncan unas con otras. Las competencias de los jugadores y de los equipos no se centran, por tanto, en aspectos puntuales, sino que se dirigen a grandes categorías de problemas, por lo que se hace necesario percibir el juego en toda su complejidad* (Garganta y Cunha, 2000). Así, el éxito en el fútbol vendrá dado por el correcto desarrollo de diversos factores, entre los que destacan los psicológicos, los cognitivos y los perceptivo-decisionales, sin olvidar los biológicos y los sociales

En definitiva, el jugador participa en un juego con el resultado abierto, y, por ello ha de poner en liza todas sus capacidades, para afirmarse como jugador y no tornarse como un juguete de la ocasión (Eigem y Winkler, 1989, cit por Garganta y Cunha, 2000). Por ello, es fácil comprender que la interacción de todos los elementos que determinan el juego del fútbol *provoca un tipo de motricidad altamente sofisticada y que se caracteriza por su alta variabilidad. (...) Los jugadores deben, en definitiva, decidir continuamente su actuación ante un entorno que es permanentemente inestable* (López Ros, 2000). No en vano, el jugador, al enfrentarse a las diversas situaciones de juego en las que se va a encontrar, habrá de resolver los problemas que éstas le planteen y, resolver un problema *implica tomar decisiones y poner en marcha procedimientos y/o estrategias* (León y Rodríguez, 2005:176). Es por ello, que la cognición ha de ser tenida muy en cuenta en los procesos de enseñanza-aprendizaje de los deportes colectivos y, por tanto, del fútbol, pues la correcta interpretación y procesamiento de la información procedente del contexto del juego, así como la selección de las habilidades necesarias y oportunas en el tiempo y espacio en que nos encontremos, será lo que determine, en gran medida, el éxito de la actuación del jugador (Mombaerts, 1996). El comportamiento inteligente de un equipo resulta de la actividad cognitiva y motora de sus jugadores (Garganta y Gréhaigne, 1999), ya que el fútbol es considerado un juego táctico por excelencia, por lo que el rendimiento de los equipos depende muy directamente del nivel de desenvolvimiento de las facultades perceptivas e intelectuales de aquellos (Schellenberger, 1990, cit. por Costa, Garganta, Fonseca y Botelho, 2004). Es más, según Mombaerts (1996), la situación problema, el juego competitivo, constituye la base del trabajo de formación, pues será ésta la que permita ajustar la evolución, los progresos y las lagunas de los jugadores. Asimismo, la función de los entrenadores será crear situaciones problemas adaptadas a las características de sus alumnos (Ibídem, 1996)..

Citada la importancia de los procesos cognitivos, hemos de decir que estos se basan en la adquisición y posterior utilización de habilidades cognitivas para la resolución de problemas. Dichas habilidades cognitivas son definidas por Vanlehn (1996) como una capacidad de resolver nuevos problemas, donde la solución está basada más en los conocimientos previos adquiridos en la solución de problemas similares, que en capacidades o habilidades físicas y motoras.

Bajo esta perspectiva, el entrenamiento basado en la adquisición de habilidades técnicas, alejadas de la situación de juego, donde no se pone énfasis en los procesos cognitivos, no dará lugar a una competencia alta en la modalidad deportiva a la que nos refiramos, ya que, como recoge Gilar (2003:60), los resultados de los estudios referidos a la conducta experta en el deporte, señalan que las diferencias existentes entre expertos y noveles, es decir, entre personas con una alta competencia y aquellas con un desarrollo competencial bajo, se encuentran, en gran medida, en *los factores cognitivos asociados, tales como en la cantidad y calidad de conocimiento disponible sobre ese dominio, la capacidad de planificación de las actividades, así como en la mayor anticipación de los movimientos necesarios para alcanzar una mayor rapidez y precisión.*

Aunque sea un adelanto de lo que vamos a tratar a continuación, lo expuesto anteriormente, nos hace creer necesario realizar alguna referencia al ámbito del conocimiento metacognitivo, pues podemos hacer un símil entre él y el conocimiento necesario para el fútbol. Nos basamos para ello en las afirmaciones de Flavell (1987), cit. por Valle, González, Barca y Nuñez (1996), que habla del conocimiento metacognitivo como aquel que requiere consciencia y conocimiento de variables de la persona, de la tarea y de la estrategia, o lo que Ridley y cols. (1992), también citado por los anteriores autores, catalogan como un proceso de utilización de pensamiento reflexivo para desarrollarla. Es más, León y Rodríguez (2005:174) señalan que la metacognición *implica habilidad de los sujetos para planificar las tareas, controlarlas y revisarlas*. En este sentido, las últimas autoras nombradas recogen que para la planificación de las tareas se precisa:

a) Seleccionar las estrategias más apropiadas.
b) Orientar la atención.
c) Relacionar lo conocido con lo desconocido.
d) Comprobar errores.

Mientras que para el control y la revisión de la tarea se han de realizar las siguientes operaciones:

a) Graduar y secuenciar.
b) Detectar y corregir los errores.

Evidentemente, esto es un fiel reflejo de una situación de juego en cualquier deporte colectivo y, por ende, en el fútbol, donde el jugador ha de reflexionar conscientemente acerca de las propias posibilidades, del dominio de las habilidades requeridas, de la situación de juego en que se encuentre y de la estrategia a utilizar para resolverla de forma satisfactoria (Ruiz Pérez y Arruza, 2005). En cada momento, el jugador sopesa las posibilidades de éxito y prepara mentalmente la acción a realizar, en función de los comportamientos de los compañeros y adversarios, exigiéndosele decisiones inteligentes (Costa, Garganta, Fonseca y Botelho, 2004). En este proceder el jugador ha de ser familiarizado con dichos aprendizajes y otorgarle cada vez mayor responsabilidad, comprendiendo y asimilando las diferentes funciones con la ayuda de su entrenador, ya que como afirma Salvador (1999), en el campo de la Didáctica General, en el desarrollo de la metacognición, el profesor va transfiriendo a los alumnos el control de su propio aprendizaje, lo cual va generando en estos una mayor autovaloración y motivación, aspectos que, como veremos a continuación, son de vital importancia para el desarrollo correcto de los procesos de enseñanza-aprendizaje. Dichos aspectos han sido incluidos en el tratamiento específico del fútbol por Mombaerts (1996:19) cuando señala que *el entrenador, cualquiera que sea su nivel de intervención, parte del potencial existente y debe permitir al practicante construir su fútbol situando la práctica en el campo de juego sobre bases creativas, que dejen jugar plenamente la autonomía, la toma de iniciativas y la aceptación de responsabilidades.*

Es más, la selección de talentos para el fútbol, como se ha afirmado antes, haciendo referencia al trabajo de Gilar (2003), debería basarse, entre otros elementos, de manera destacada, en la capacidad cognitiva de los jugadores, pues será ésta la que, en última instancia, le permita ajustar sus habilidades a las exigencias y demandas del juego. Por tanto, los aspectos psicológicos y cognitivos han de ser tenidos muy en cuenta en este proceso (Reilly y Thomas, 1977; Reilly, Wiliams, Nevill y Franks, 2000; Costa, Garganta, Fonseca y Botelho, 2004; Morris, 2000; Helsen, Hodges, Winckel y Starkes, 2000; Williams, 2000; Hoare y Warr, 2000; De la Vega, 2004).

Profundizando en lo anterior, según Côté, Baker y Abernethy (2003), la principal diferencia entre los jugadores, según van avanzando en la especialización en un determinado deporte, es la conciencia sobre la práctica que están realizado, mostrándose a este respecto conformes con los planteamientos de Ericsson, Krampe y Tesch-Römmer (1993) cuando hablan de la práctica deliberada, aludiendo que los aprendizajes más efectivos se producen a través de la implicación consciente en las actividades de enseñanza-aprendizaje. Y lo que está estrechamente relacionado con lo anterior, esa práctica consciente dependerá, en gran medida de factores motivacionales (Ames, 1984; Carlson, 1988, 1993; Ericsson, Krampe y Tesch-Romer, 1993; Robert, Treasure y Kavussanu, 1997; Helsen, Satrkes y Hodges, 1998; Singer y Janelle, 1999; Amorose y Horn, 2000; 2001; Robert 2001; Pujals y Vieira, 2002; Mageau y Vallerand, 2003; Ommundsen y cols., 2003; Hardy, Halls, Gibas y Greenslade, 2005; Hollembeak y Amorose, 2005).

Llegados a este punto, unimos dos de los aspectos más importantes dentro del apartado en que nos encontramos, el aprendizaje, por un lado, o, mejor dicho, los procesos de enseñanza-aprendizaje, y la implicación consciente en los mismos, ya que, como afirman los últimos autores nombrados, ésta es garante de un aprendizaje más efectivo. No olvidemos en este sentido que el proceso de iniciación deportiva, en nuestro caso en el fútbol, es un proceso de enseñanza-aprendizaje, y por tanto, las consideraciones anteriores le son aplicables.

Ahora bien, la comprensión de los procesos cognitivos utilizados por los jugadores durante la competición es limitada (Domínguez y Espeso, 2002; Horn, 2002; Costa, Garganta, Fonseca y Botelho, 2004). Es sabido que ésta tiene origen en el conocimiento táctico, altamente especializado y almacenado en la memoria de largo plazo, encargada de guardar, entre otras cosas, la información conceptual y las estrategias de afrontamiento de problemas, lo cual es de suma importancia para los procesos de aprendizaje (Tulvin, 1979; McPherson, 1999 cit. por Costa, Garganta, Fonseca y Botelho, 2004, Ruiz Pérez y Arruza, 2005). Pero, Morris (2000) habla de la necesidad de realizar más estudios que nos conduzcan a conocer las características psicológicas necesarias en los jugadores de fútbol y los procesos cognitivos inherentes a la práctica del mismo, señalando que la mayoría de los realizados a este respecto son poco sistemáticos y de naturaleza teórica. En este sentido afirma que la revisión realizada de los mismos en los últimos treinta años, apunta a que, a pesar de su abundancia, no muestran unos patrones claros. Para este autor la causa es que se han intentado extrapolar los conocimientos obtenidos a través de experiencias con jugadores sénior o de élite a niños y adolescentes, lo cual es poco adecuado. Es por ello que aboga por la realización de estudios longitudinales o cuasi-longitudinales y donde se concreten con mayor precisión los aspectos a analizar.

Las aportaciones de este último autor son muy importantes cuando señala que *en muchos deportes es obvio que las variables psicológicas son importantes para lograr implicación en su práctica, tanto como la altura en el baloncesto, grandes brazos en los remadores y capacidad aeróbica en los atletas de resistencia (...). Identificar las características sobresalientes que diferencian a unos jugadores de sus compañeros ha sido una meta de los entrenadores de fútbol y de otros muchos deportes* (Morris, 2001). En una revisión realizada por este autor en la base de datos Sport-Discus entre 1975-1998, así como en PsycLit entre 1993-1995 y 1996-1998, los estudios encontrados a este respecto en fútbol fueron doce, referidos a los factores de la personalidad adecuados para la práctica del fútbol y el desarrollo del talento en el mismo, y seis en lo referente a la identificación de talentos. En ambos casos suponía el 40% de los estudios encontrados en todos los deportes.

En definitiva, tras esta introducción realizada acerca de la importancia de los procesos cognitivos en el fútbol y, por ende, en la iniciación deportiva al mismo, en un intento de síntesis hemos de señalar que el fútbol es un deporte táctico por excelencia, en el cual el desarrollo de habilidades tácticas constituyen un complejo que engloba los siguientes aspectos (Rezende y Valdés, 2003):

1. capacidades perceptivas, relacionadas con la visualización e interpretación de las circunstancias del juego, con especial relevancia para la distribución y ocupación del espacio.
2. capacidades cognitivas, relacionadas con la formación de conceptos y las funciones de memoria que permitan el análisis de la situación y la toma de decisiones sobre la mejor acción a realizar.
3. capacidades motoras, relacionadas con el dominio de la técnica y la aptitud física para realizar las jugadas de manera eficiente.

Por tanto, y como consecuencia de todo lo expuesto anteriormente, hemos resaltado una serie de factores, los cuales recogemos en la siguiente tabla.

El fútbol requiere de un conocimiento que relacione las demandas del juego y las posibilidades y limitaciones del jugador, con el fin de optimizar la actuación de éste.
La implicación del jugador en su propio aprendizaje hará que éste sea más efectivo y significativo, con lo cual la práctica deliberada y la motivación ocupan lugares centrales en el mismo.
La adecuación de la actuación eficiente del jugador en el juego dependerá del procesamiento de la información que realicen y de la resolución de los problemas que se le planteen.

Tabla 35. Aspectos centrales en los procesos cognitivos en el fútbol

En base a lo anterior, incluiremos a continuación tres apartados, referidos a los tipos de conocimiento en el fútbol, a la motivación en el fútbol, por otro, al procesamiento de la información en el fútbol y la toma de decisiones, finalmente.

3.2. TIPOS DE CONOCIMIENTO EN EL FÚTBOL.

Es incuestionable que el conocimiento que el deportista posee sobre sí mismo y sobre su deporte participa en sus actuaciones (Ruiz Pérez y Arruza, 2005). Esta aportación, junto con las tres afirmaciones que vamos a mostrar a continuación, tomadas de Garganta y Cunha (2000), nos pueden servir para introducir el presente apartado y mostrar la importancia de adquirir conocimientos que posibiliten el ajuste de las posibilidades y necesidades del jugador a las demandas del juego. Estas afirmaciones son:

- *Siendo el juego una secuencia de secuencias, implica que los jugadores habrán de estar en condiciones de inventar nuevos juegos durante el juego, siendo en las zonas de incertidumbre en la que se determinan las fases críticas de éste.*

- *Si privamos a los jugadores de su estrategia personal, el juego no puede existir, desaparecerá (Parlebas, 1976; Caillé, 1990; cit. Ibídem).*

- *La creatividad y lo inesperado están relacionados con la capacidad de, a partir de las acciones ambiguas y simulaciones, crear sorpresa en el adversario.*

Tanto para inventar nuevos juegos, como para plantear o generar estrategias, así como para crear nuevas soluciones, se hace necesario poseer un bagaje de conocimientos acerca del área en que nos movemos. Una aproximación al tipo o tipos de conocimiento necesarios para la práctica del fútbol nos la ofrecen Garganta y Cunha (2000) cuando afirman que *la explicitación de un entendimiento sobre el juego de fútbol, tanto en el plano del entrenador, como del jugador, debe realizarse a partir de la emergencia de una constelación conceptual, construida en base al compromiso entre lo establecido (las reglas y los principios) y la innovación. Pero, no se trata tanto de po-seer una gran cantidad de conocimientos, como de poseer conocimientos de calidad, relevantes y claves en ese dominio. Uno de los elementos comunes, asociados a la conducta experta en diversos dominios, es la existencia de una estructura cualitativamente bien organizada de conocimientos específicos en el dominio particular de que se trate, que permitan una interpretación directa de los hechos que ocurren dentro del mismo* (Gilar, 2003:326).

Siguiendo a López Ros (2000:426), los deportes colectivos, son entendidos como un entramado de relaciones complejas de los diferentes partici-pantes, que se han de ajustar al reglamento, espacio, tiempo, balón, compañeros, adversarios y objetivos que se persigan. En este sentido, este autor señala que *el aspecto más relevante es la necesidad de entender las actuaciones individuales en el marco de la colaboración con unos compañeros en la defensa de unos intereses comunes y compartidos, y frente a unos adversarios que se oponen a estos intereses*. Respecto a esto, Rezende y Valdés (2004) señalan que para jugar de forma inteligente, el jugador debe ser capaz de realizar una acción consciente, lo cual *implica una adecuada correlación entre el desenvolvimiento de cualidades físicas, la formación de habilidades técnicas y la adquisición de conocimientos tácticos sobre la dinámica del juego, en un proceso amplio y unitario, que asegure su utilización de forma reflexiva, rubricando una aplicación creadora*, aspectos, éstos, reseñados por Marina (1993) y Colleman (1997) en el campo genérico de la inteligencia.

Por tanto, podemos determinar la necesidad de obtener un bagaje de conocimientos que nos permitan la comprensión de los acontecimientos que se suceden en el fútbol, pero que no se queden en la acumulación de los mismos, sino que se conviertan en conocimientos aplicados que nos permitan interpretar dichos acontecimientos. Así, Garganta (2003) señala que el conocimiento requerido en el fútbol no consiste solo *en saber*, sino también en *saber hacer* y *saber ser*. Este hecho será el que posibilite la competencia experta, puesto que, como afirman Ericsson y Lehmann (1996), dicha pericia vendrá determinada por una máxima adaptación al ambiente, así como a los condicionamientos y restricciones de la tarea. O, trasladándolo al campo específico del fútbol, el conocimiento sobre el mismo ha de basarse en una relación estrecha entre la cognición y los factores estructurales del juego, de manera que cada vez la conducta del jugador sea más autónoma (Mombaerts, 1996; Garganta, 2003).

Con el anterior párrafo hemos hecho referencia a uno de los aspectos claves en los procesos cognitivos en el fútbol. El mayor conocimiento y comprensión del juego ha de ir posibilitando al jugador, y, especialmente al joven jugador, a ser cada vez más autónomo en su actuación, o mejor dicho, en las decisiones que le llevan a actuar de una u otra forma en función de los condicionantes del juego (Castelo, 1999). En este sentido, nos parece muy interesante la aportación de Cuhna (1985), que viene a afirmar que *no existe entrenador que no pretenda ser un "deus de Laplace" y conseguir prever con una certeza infinitesimal la evolución del juego (...). Por eso, tal vez, prefiere sustituir la variabilidad por el estereotipo en expectativa de que las actitudes de sus jugadores fuesen previstas y articuladas con la máxima certeza, de que las prioridades topológicas de movimiento que ellos manifiestan fuesen lo menos variables. Él debe, por el contrario, percatarse de que la máxima estereotipicidad se corresponde con la mínima variabilidad, y se corresponde también, con la mínima adaptabilidad*. A lo cual, podemos añadir, en función de las referencias incluidas anteriormente, con un menor nivel de conocimiento. En base a él, los participantes deben decidir de forma permanente su actuación en función de las relaciones que se van estableciendo entre los elementos que determinan el juego, tales como el reglamento, compañeros, adversarios, factores técnico-tácticos, etc. *Dichas relaciones son cambiantes y requieren una gran capacidad de atención* (López Ros, 2000:426) y es más, Ericsson y Charness (1995) y Gardner (1995) determinan que la mejora del dominio y desenvolviendo en un área determinada, viene dada por la integración gradual del individuo en el contexto y auspiciada por el cada vez mayor conocimiento del mismo y de las habilidades necesarias para desenvolverse en él, o lo que es lo mismo, la cognición es la asimilación mental del contexto y de la experiencia que uno tiene en él (Brewster y Brewster, 1976; Famose, 1991).

Por tanto, un nivel de conocimiento adecuado que permita al jugador, no sólo conocer, sino interpretar y comprender el juego, determinará la actuación del mismo. No vale sólo hacer, sino comprender, o en palabras de Garganta (2003) *no hemos de separar el modo de hacerlo de la razón por la que se hace.* Mombaerts (1996) profundiza en este aspecto cuando señala que el conocimiento del fútbol se debe estructurar en base a tres aspectos primordiales:

a) Lo que el jugador sabe sobre el juego.
b) Lo que el jugador conoce del juego.
c) Lo que el jugador sabe hacer en juego.

El mismo autor afirma que en la relación de esos tres aspectos, *la acción del jugador llega a ser significativa, comprende el porqué actúa y reacciona así* ante un determinado problema del juego. Es en este ámbito dónde cobra sentido el aprendizaje significativo de Ausubel (1983,1987,2002), que nos viene a decir que el alumno aprenderá mejor aquellos contenidos que guarden relación o tengan significación para él, así como utilidad para su desempeño habitual.

En referencia a lo citado anteriormente, los tipos de conocimiento que puede tener una persona han sido abordados por diferentes autores, tanto en el campo genérico, como en el de deporte, y en el específico del fútbol (Alves y Aráujo, 1996; Ruiz Pérez y Sánchez Bañuelos, 1997; Garganta, 1997; Izquierdo y Rodríguez, 2001; Stratton, 2001; De La Vega, 2002). En el ámbito que nos ocupa podemos hablar de los siguientes tipos:

- Conocimiento declarativo, que es lo que el jugador es capaz de declarar acerca del juego o lo que dice saber de él y de su desempeño en el mismo.
- Conocimiento procedimental o práctico, que se corresponde con lo que el jugador sabe hacer en el juego.
- Conocimiento afectivo, relacionado con la involucración del jugador y la motivación del mismo hacia los contenidos de aprendizaje, de manera que si se siente motivado hacia ellos se alcanzará un aprendizaje más significativo.
- Conocimiento táctico o estratégico, cuya misión será que el deportista, a través de este conocimiento, sea capaz de dar la respuesta más adecuada en función de la situación de juego y de los elementos que la configuren.
- Conocimiento Metacognitivo, que hace referencia a un aprendizaje consciente, involucrado, en el que se tengan en cuenta los diferentes elementos que compondrán su respuesta ante el juego y, por tanto, se basa en una decisión inteligente y consciente.

Profundizando en estos temas, De la Vega (2002) nos viene a decir que el conocimiento declarativo es aquel que el jugador es capaz de explicitar, de declarar, pero no refleja todo lo que el jugador sabe de una determinada acción, habilidad, etc. Por su parte, el conocimiento procedimental se manifiesta mediante lo que el jugador sabe hacer, o lo que es lo mismo, este tipo de conocimiento se pone en marcha cuando necesitamos realizar una acción o secuencia motriz (Connolly, 1970). Siguiendo nuevamente a De la Vega (2002:39), los dos anteriores tipos de conocimiento no son válidos por sí solos si no se complementan con el conocimiento estratégico, es decir, *el modo de organizar el conocimiento para tomar decisiones en nuestro actuar cotidiano*, lo cual, llevado al campo del fútbol, sería la manera en que conjugamos lo que sabemos con las necesidades de la situación de juego en que nos encontremos.

En el campo específico del fútbol Greháigne (2001:154) habla, no de conocimientos, sino de saberes que configuran y determinan la acción en el juego, o lo que es lo mismo, la actuación del jugador. Si nos regimos por lo que dice el Diccionario de la Real Academia de la Lengua Española (2001), la diferencia entre conocer y saber radica, por un lado, en la profundidad con que se conozca, respondiendo el concepto de saber a un conocimiento profundo de una determinada área o materia. Igualmente, conocer, es definido como averiguar por el ejercicio de las facultades intelectuales la naturaleza, cualidades y relaciones de las cosas. Hecha esta aclaración, los saberes que señala Greháigne (2001) atienden a cuatro aspectos:

- *los saberes teóricos permiten conocer los objetos, sus modalidades de transformación y las razones de su funcionamiento (las porterías de fútbol se sitúan en los extremos del terreno de juego, miden 7,32 m. por 2,44 m. y constituyen una meta vertical).*

- *Los saberes procedimentales se centran en la manera de actuar, las modalidades de disposición de los procedimientos, sus modos de funcionamiento (si el portero de encuentra en el centro de la portería y tiro fuerte hacia un extremo tengo más posibilidades de marcar).*

- *Los saberes prácticos están directamente relacionados con la acción y despliegue, aportan un conocimiento parcial de la realidad pero que, en general, resulta eficaz la operatividad del acto (me encuentro demasiado cerca del balón para probar un tiro por la escuadra, por eso voy a intentar un gol de precisión sorprendiendo al guardameta).*

- *La pericia, relativa a la manifestación de los aspectos motores en la acción material "que se pone en práctica más que verbalizarse" (tirar fuerte con ambos pies, etc.).*

En definitiva, en los deportes de equipo se ha de aspirar a la consecución de un *"saber en uso"* sobre el funcionamiento del deporte en cuestión con la intención de ser eficaz en el terreno de juego y, por tanto, de los instrumentos que permiten al jugador jugar al fútbol, controlar sus aprendizajes, elaborar y dosificar sus respuestas motrices y conocer las razones del fracaso o el éxito con intención de regular sus acciones (Ibídem, 2001:154). En la anterior afirmación vemos como se hace referencia, dentro del campo específico del fútbol, a los diferentes tipos de conocimiento que hemos nombrado anteriormente, haciendo especial hincapié, por el hecho de que el jugador controle sus aprendizajes y conozca los efectos de su actuación, al conocimiento metacognitivo. Para potenciar el mismo, y siguiendo con las aportaciones del último autor nombrado, el jugador habrá de configurar su conocimiento en torno a tres ejes primordiales:

- Las reglas de acción, o lo que es lo mismo, el conocimiento sobre el juego y su dinámica, y por tanto, sobre los condicionantes que han de determinar nuestra actuación.

- La información referente a cómo se configura el juego y a las alternativas ante las situaciones que nos vayamos encontrando.

- Las reglas de gestión de la organización del juego, en tanto en cuanto, nos surtirán de información en lo relativo a la lógica del juego, a la distribución espacial, a los diferentes roles de juego, etc.

En última instancia este modelo inicial de conocimientos ha de ir ajustándose progresivamente conforme se avanza en el proceso de enseñanza-aprendizaje del fútbol. Esta transformación supone la aceptación y asimilación por parte del alumno de una serie de conocimientos que le irán posibilitando una actuación cada vez más ajustada a las demandas del juego. Dentro del ámbito de la Didáctica General, Novack (1988) se refiere a esto como un proceso de construcción de estructuras conceptuales que van guiando al alumno en sus aprendizajes, o lo que es lo mismo, un aprendizaje constructivo o constructivista. Es un proceso en el que se va dotando o atribuyendo significado a los conocimientos que está recibiendo y que le ayudar a crear, de forma activa, nuevas unidades de conocimiento, combinación de las anteriores y de una mayor profundización en los contenidos susceptibles de aprendizaje.

3.3. IMPLICACIÓN Y MOTIVACIÓN EN EL APRENDIZAJE DEL FÚTBOL.

Podemos comenzar este apartado con las afirmaciones de Goleman (1997), cuando señala que el Coeficiente intelectual parece aportar sólo el 20% de los factores determinantes del éxito, mientras que el 80% parece depender de otra serie de características. El interés de este autor se centra en conocer en mayor profundidad dichas características, las cuales conforman lo que ha venido en llamar inteligencia emocional, dentro de la cual destaca la capacidad de motivarnos a nosotros mismos hacia unas determinadas actuaciones, aprendizajes, etc. *La inteligencia emocional puede resultar tan decisiva – y, en ocasiones más- que el CI. Y, frente a quienes son de la opinión de que ni la experiencia ni la educación pueden modificar substancialmente el resultado del CI, trataré de demostrar que si nos tomamos la molestia de educarles, nuestros hijos pueden aprender a desarrollar las habilidades emocionales fundamentales* (Ibídem, 1997:65).

Como se puede extraer de las anteriores aportaciones, el éxito de nuestro desenvolvimiento en un área determinada, está bastante influenciado por la motivación hacia las actuaciones propias de la misma. Esto es corroborado dentro del ámbito del fútbol, donde en el aprendizaje y desempeño de las habilidades que le son inherentes existen diversos factores de alta influencia, entre los cuales destacan, la autoestima y confianza, así como la ansiedad y la agresividad, y sobre todo, la motivación hacia el aprendizaje y la participación (Pujals y Vieira, 2002). No en vano, cuando una persona está enojada o afectada por ansiedad tiene dificultades para aprender *porque no percibe adecuadamente la información y, en consecuencia, no puede procesarla correctamente (...) se dificulta la capacidad cognitiva que los científicos denominan <<memoria de trabajo>>, la capacidad de mantener en la mente toda la información relevante para la tarea que se esté llevando a cabo* (Goleman, 1997:37). Este mismo autor señala que la memoria de trabajo es la base de la actividad mental del individuo y que la región cerebral encargada de dicho cometido es el córtex prefrontal, que es la misma que se ocupa de los sentimientos y emociones, lo cual denota la importancia del carácter emocional y motivacional con respecto al aprendizaje y mejora del desenvolvimiento en una determinada área.

La ya reseñada en otras ocasiones teoría de la práctica deliberada (Ericsson, Krampe y Tesch-Römmer, 1993), señala que la motivación tiene incluso más influencia en el hecho de alcanzar altas prestaciones en un determinado cometido que los factores genéticos, lo cual ha sido corroborado incluso dentro del ámbito deportivo. Ahora bien, el factor clave entre dos individuos con las mismas potencialidades es el tiempo de práctica o entrenamiento que dedique a la actividad, lo cual vendrá determinado directamente *por factores emocionales, como el entusiasmo y la tenacidad frente a todo tipo de contratiempos* (Goleman, 1997:139).

Ahora bien, antes de seguir avanzando, dado que el término motivación es muy ambiguo y pude ser interpretado de muy diferentes maneras, nos parece oportuno realizar una aclaración terminológica del mismo. Para ello nos basaremos en el trabajo de González Valeiro (2001b:143), que señalan que al hablar de motivación nos estamos refiriendo a tres aspectos primordialmente. Por un lado la dirección, o lo que es lo mismo, *las razones que llevan a un individuo a escoger una determinada actividad (o, igualmente a evitarla)*, la intensidad, entendida como *el mayor o menor esfuerzo que el individuo emplea en la actividad*, y la duración, interpretado como *el tiempo que puede mantener el interés y el esfuerzo* en dicha actividad. En base a esto la definición que este autor extree determina que *la motivación es aquello que inicia, mantiene y convierte en más o menos intensa la actividad de los individuos para alcanzar la meta*.

Ese entusiasmo y tenacidad viene determinado por la motivación hacia la participación en una determinada actividad deportiva, que puede ser intrínseca o extrínseca (Ames, 1984; Garcia Bengoechea, 1997; Robert, Treasure y Kavussanu, 1997; Robert, 2001; Pujals y Vieira, 2002; Ommundsen y cols., 2003). La motivación intrínseca señala que la persona se esfuerza para conseguir el dominio de las habilidades en cuestión por realización personal, mientras que la que tiene motivación extrínseca participa en la actividad y busca la mejora de las habilidades para conseguir el reconocimiento de los demás (Weiberg y Gould, 2001). En estudios recientes se encuentran relaciones directas entre la orientación motivacional de los entrenadores y de los jugadores, ya que estos últimos se ven altamente influenciados por la orientación de los primeros (Duda y Hall, 2001; Alfermann, Lee y Würt, 2005). Parece que una existencia de gusto por el entrenamiento y el desarrollo, una administración de feedback positivo y un clima basado en relaciones sociales está estrechamente relacionado con la satisfacción del jugador y la motivación intrínseca (Chelladurai, 1984; Riemer & Chelladurai, 1995; Horn, 2002). Asimismo, Garland y Barry (1988) señalan que el nivel de competencia de los jugadores de fútbol está bastante condicionado por el nivel de atención y apoyo que le prestan sus entrenadores, encontrándose relaciones positivas entre estos aspectos y un clima motivacional centrado en la administración de feedback de carácter positivo.

En relación con todo lo anterior, la relación entre el clima motivacional y el nivel de habilidad es algo demostrado por diversos trabajos, de entre los cuales destaca el de Alfermann, Lee y Würth (2005), por la extensa revisión de la literatura que realizan. Ahora bien, no se encuentran evidencias que relacionen una orientación motivacional u otra con un mayor nivel de aprendizaje, pero si es constatable que existen diferencias si hablamos de deportes individuales y colectivos. Mientras que en los individuales, el mayor nivel de desarrollo de habilidades parece ir asociado a un comportamiento del entrenador basado en una orientación hacia la tarea y el resultado, en los deportes colectivos, el mayor nivel de desarrollo de habilidades se asocia a un clima motivacional centrado en el desarrollo, en la cohesión de grupo y en el establecimiento de un clima social. Esto es, mientras que en los deportes individuales la dependencia del atleta con respecto al entrenador parece ser mucho mayor, en los deportes colectivos parece más adecuado un clima motivacional donde las relaciones no sean tan verticales y donde la implicación de los jugadores sea mayor. Estas afirmaciones se pueden extraer de la revisión realizada por Ibídem (2005), acerca de estudios relacionados con el liderazgo y el clima motivacional en diferentes deportes.

Con el anterior párrafo relacionamos los dos aspectos centrales de este apartado, por un lado, la motivación, y, por otro, la implicación. Del trabajo de García Bengoechea (1997), se puede extraer que ambos aspectos están íntimamente relacionados. Para ello este autor se basa en la teoría de la evaluación cognitiva y la teoría de la autodeterminación de Deci y Ryan (1985) y habla de tres tipos de motivaciones, la intrínseca y la extrínseca, de las que ya hemos hablado anteriormente, y la amotivación, la cual entiende como la motivación menos autodeterminada y donde el sujeto carece de elección y control.

En relación a nuestro trabajo, las aportaciones de García Bengoechea (1997) nos resultan altamente interesantes cuando afirma que cuanto más autodeterminada es la motivación de un alumno, más positivas son las consecuencias derivadas de la misma. Esto es, mientras más implicado esté el alumno en su aprendizaje, cuanto más motivado esté hacia él, más positivo será el resultado del mismo. Recordemos que este autor habla de motivación intrínseca como aquella que corresponde a los comportamientos que el sujeto hace con mayor libertad y en busca primordialmente de placer, es decir la que caracteriza a las personas que toman parte de una actividad por las satisfacciones que ésta le produce. En definitiva, *a mayor motivación intrínseca, mayor aprendizaje, rendimiento, creatividad y perseverancia* (Ibídem, 1997:105). Estos presupuestos son confirmados por (Ruiz Pérez, 1994:83) cuando señala que *no cabe duda que el contexto motivacional es muy importante, los alumnos aprenden mejor si existe el deseo y la tensión inherente a este deseo.*

En el campo específico del fútbol, y en concreto del desarrollo del juego, Mombaerts (2000) se encuentra muy preocupado por garantizar la motivación de los jugadores, señalando, no sólo la importancia de ésta, sino su carácter ineludible, puesto que si los jugadores no sienten placer en su práctica, su tensión se disminuirá produciendo un descenso de la atención y la concentración, y, por ende, del aprendizaje y rendimiento. Estos aspectos también son señalados por Nicholls (1989), Calvo y cols. (2000) y Hatzigeorgiadis y Biddle (2002), los cuales hablan de la importancia de que la motivación de los jugadores hacia la práctica tenga caracteres de autodeterminación, pues en el caso de que las metas o fines sean únicamente establecidos por el entrenadores, se dará lugar a situaciones con poco control e implicación por parte de los jugadores y, por ende, a situaciones de ansiedad en las cuales, como afirma Goleman (1997), la percepción y procesamiento de la información se hacen difíciles. Todo ello conllevará una disminución de la motivación que, a la postre, promoverá resultados más negativos de los esperados dado el carácter extrínseco del clima motivacional creado (García Bengoechea, 1997).

Sirviéndonos nuevamente de los trabajos de este último autor nombrado, hemos de decir que el fomento de la implicación entre los jugadores, así como la potenciación de climas motivacionales intrínsecos, da lugar a una serie de beneficios cognitivos, conductuales y afectivos, extraídos de los trabajos de Vallerand y Briére (1990), Pelletier y cols. (1994) y Vallerand y Losier (1994), cit. todos por García Bengoechea (1997), y entre los cuales destacan:

- Aumento del interés y satisfacción por la participación.
- Calidad de las emociones vividas durante dicha participación.
- Tiempo dedicado a la práctica.
- Perseverancia.
- Predisposición a asumir los principios de la ética deportiva.

Resultan, por último, altamente interesantes, dentro de nuestra investigación, las aportaciones de autores como Gordas, Biddle, Fox y Underwood (1995) y Frederick y Ryan (1995) cit. por García Bengoechea (1997), que señalan que aquellos jugadores a los cuales se les ha dado protagonismo en su proceso de aprendizaje, así como la posibilidad de adecuar el propio ritmo de éste, han mostrado niveles más altos de motivación intrínseca, lo cual corrobora los datos mostrados en los párrafos anteriores. Estos aspectos son también destacados por Castejón y cols. (2003) cuando destacan la importancia y beneficios de entender a los alumnos como sujetos activos con capacidad reflexiva y de construcción de sus propios aprendizajes. Precisamente, que cada alumno trabaje conforme a su propio ritmo de aprendizaje, es uno de los factores que Carlson (1988, 1993) y Singer y Janelle (1999) destacan como elemento indispensable en la motivación, pues en sus trabajos destacan que los jugadores de élite tienen recuerdos positivos de sus entrenadores cuando se producía este hecho, no siendo tan positivos cuando los obligaban a trabajar en franjas de esfuerzo o exigencia que estaban por encima o por debajo de sus posibilidades.

3.4. PROCESAMIENTO DE LA INFORMACIÓN Y TOMA DE DECISIONES EN EL DEPORTE.

La dinámica de relaciones que se establece entre las partes de un conjunto organizado y trabado por múltiples interacciones se hace incomprensible desde los modelos lineales de pensamiento en los que la acción de los efectos nunca revierte sobre las causas que lo originaron (Asensio, 2004:118). Es bajo esta perspectiva dónde ubicamos la investigación que presentamos en este documento, pues la importancia de una correcta recepción e interpretación de la información procedente del contexto de juego determinará en última instancia el ajuste de la actuación, de la respuesta motora, a los condicionantes del juego (Castelo, 1999; Pino, 1999; Garganta, 2003). Aún así, consideramos oportuno realizar una revisión de los principales posicionamientos respecto a estos temas.

El procesamiento de la información y la toma de decisiones en el deporte, determinada principalmente por el conocimiento táctico, *supone un pensamiento operativo que facilita la posibilidad de producir actuaciones tácticas llenas de sentido, rápidas y dirigidas a conseguir algún objetivo* (Ruiz Pérez y Arruza, 2005:64). Evidentemente, tras esta definición, ha de quedar patente la importancia de un correcto procesamiento e interpretación de la información procedente del contexto de juego, para que el jugador adecue su actuación a las demandas de la misma en función de sus propias posibilidades y limitaciones (Rulence-Paqués, Fruchart, Dru y Mullet, 2005), lo cual guarda estrecha relación con el conocimiento metacognitivo al que hemos hecho referencia en el apartado anterior (Flavell, 1987; Ridley y cols., 1992; De la Vega, 2002; León y Rodríguez, 2005). No en vano, *la interacción de la persona con su entorno supone la puesta en acción de numerosos mecanismos de procesamiento de la información, procesamiento que activa operaciones de carácter perceptivo y cognitivo que evolucionan a lo largo del crecimiento y desarrollo que se transforma con la edad y la experiencia* (Ruiz Pérez y cols., 2001:165)

Al igual que hemos reseñado en los apartados anteriores, haciendo referencia a los procesos cognitivos, el acercamiento al procesamiento de la información y la toma de decisiones de los deportistas ha pasado por muy diversas interpretaciones, avanzando desde teorías mecanicistas, dónde el sujeto era concebido como un ser pasivo y dónde cobraba sentido el concepto de "tabula rasa", y donde *lo que interesaba era estudiar la asociación entre estímulos y respuestas para identificar las combinaciones que permitían obtener las respuestas deseadas* (González Valeiro, 2001a:124). Este enfoque se encontraba dentro de las teorías conductistas, las cuales fueron avanzando por diversas aproximaciones. Dentro de él nos encontramos con el condicionamiento clásico de Pavlov, el asociacionismo de Watson y el contigüismo de Guthrie. Cercanos a las anteriores ideas, en la que se estudiaba la relación entre los estímulos y las respuestas, nos encontramos otra serie de autores que, sin dejarse de preocupar por este hecho, ponen el énfasis de sus estudios en el refuerzo positivo o negativo tras la respuesta, como elemento determinante en la construcción del comportamiento y la conducta. En este nuevo enfoque nos encontramos el conexionismo de Thorndike, el condicionamiento operante de Skinner, el comportamiento operativo de Millar y el comportamiento sistemático de Hull. A modo de resumen, podemos decir que todos los anteriores autores, de uno u otro modo, se caracterizaban por una aproximación a los procesos de información basadas en el producto de las mismas y no en los mecanismos o procesos internos que se desarrollaban desde que el sujeto recibía un estímulo hasta que daba una respuesta (González Valeiro, 2001a).

Como contraposición a las anteriores teorías surgen posicionamientos que comienzan a interesarse por los procesos internos que se producen desde que el sujeto recibe el estímulo hasta que da la respuesta, ya que, como afirma Asensio (2004), la idea de proporcionalidad entre causas y efectos no resulta adecuada para interpretar la actuación de los individuos. De este modo, en aproximaciones que no tengan en cuenta dichos procesos internos *ni procede hablar de causas ni tampoco esperar que, al operar sobre ellos, los comportamientos que se pretenden aparezcan de inmediato o se produzcan invariablemente en el sentido deseado* (Ibídem, 2004:118). El movimiento más representativo de estas creencias es el de la Gestalt, cuyas principales figuras o impulsores fueron Kofka, Kolher y Wertheimer. Estos autores *defienden la importancia de la interpretación individual del ambiente. El sujeto que aprende es determinante en el proceso porque su percepción de la situación es única y no todo el mundo reacciona igual ante una misma situación* (González Valeiro, 2001a:124). Es más, bajo este paradigma, dicha reacción individual se debe, además de a la percepción única a la que hemos hecho referencia, a las necesidades de la persona, ya que en función de éstas, la interpretación de la realidad es diferente. De este modo, el movimiento de la Gestalt centra su atención en la percepción y la resolución de problemas, pero enfatizando más sobre la importancia de la primera (Ruiz Pérez y cols., 2001). Es por ello que la Gestalt contribuyó de manera decisiva en la consideración general del proceso perceptivo, así como en la concepción de la persona como agente activo estructurador de su entorno, y por ende, la existencia de unos procesos internos que nos ubica como mediadores entre los estímulos y la experiencia sobre éstos para dar una respuesta adecuada al entorno percibido. *La Psicología Gestalt, en su momento, implicó una revolución de las ciencias psicológicas, al poner en evidencia fenómenos a los que nunca ante se les había prestado atención*[15]. Ahora bien, con estas ideas se podría identificar la idea de que la inteligencia es *la capacidad de recibir información, elaborarla y producir respuestas eficaces (...)* lo cual *convierte la inteligencia en un mecanismo formal, aséptico, deshumanizado, sin conexión con el mundo de los fines y los valores* (Marina, 1993:16).

En relación con la anterior afirmación, surge la Psicología Cognitiva, donde podemos señalar como figuras importantes y/o precursores los traba-

---

[15] Visto en World Wide web (www.geocities.com/Nashville/stage/9882/index.html) 21/03/2005.

jos de Bruner (1961) y Brewer (1974), que vienen a señalar que el objetivo de este movimiento es dar el protagonismo que se merecen a los aspectos subjetivos y significativos de la experiencia psicológica, tales como aspectos afectivos y emocionales, que tradicionalmente han escapado a la teorías de procesamiento de la información o a la interpretación de la actividad cognitiva de una persona dentro de los modelos cibernéticos, asimilándola en cierto modo a un ordenador. Es precisamente dentro de este enfoque donde cobran sentido los trabajos que se centran en el estudio de la importancia de la afectividad, la motivación y le emoción hacia los contenidos de aprendizajes, caracterizados por los trabajos la teoría cognitivo-social de Bandura (1969), la teoría de la inteligencia creadora (Marina, 1993), la teoría de la práctica deliberada de Ericsson, Krampe y Tesch-Römmer (1993) o los trabajos de Coleman (1997) sobre la inteligencia emocional.

Ocupándonos del ámbito específico de la actividad motriz y del deporte, es a mediados del s.XX, cuando Mahlo (1969) se dirige directamente hacia la necesidad del estudio del comportamiento motriz, así como de los procesos que se ponen en funcionamiento para solucionar los problemas derivados de las situaciones de juego deportivas. Son precisamente las aportaciones de este autor las que permiten el desarrollo de aproximaciones a la enseñanza deportiva basadas en la comprensión de la realidad del juego y por ende, en la construcción de soluciones basadas en el conocimiento del mismo. Aunque es Mahlo la figura más destacada en la promulgación de esta necesidad, son también importantes los trabajos de Listello, Clerc, Crenn y Scoebel (1977), Bayer (1979) y Döbler y Döbler (1980) como precursores de esta corriente de aproximación al conocimiento de los procesos que se desarrollaban en la búsqueda de soluciones a los problemas del juego, ya que hablaban de la necesidad de comprensión de los procesos tácticos que llevaban a la actuación en el mismo. Esta necesidad es también señalada y estudiada por bastante autores en la actualidad, los cuales señalan la importancia de los procesos reflexivos en torno a al práctica del juego y la construcción consciente de soluciones ante las situaciones en que el mismo pone al jugador (Castejón, 1994, 1995, 2002, 2004, 2005; Wein, 1995; Mombaerts, 1996, 2000; Garganta, 1996a, 1998, 2003; Sampedro, 1999; Castelo, 1999; Garganta y Pinto, 1998; Ardá y Casal, 2003; Romero, 2005; Ruiz Pérez y Arruza, 2005). Para estos autores, el concepto de inteligencia, o la llamada por Sampedro (1999) inteligencia de juego, está más acorde con los planteamientos de Marina (1993) cuando señala que la inteligencia es *la aptitud para organizar los comportamientos, descubrir valores, inventar proyectos, mantenerlos, ser capaz de liberarse del determinismo de la situación, solucionar problemas, plantearlos*. Algo muy parecido a lo que Mombaerts (1996) señala como aspectos determinantes en el rendimiento en el juego del fútbol. Precisamente, en las aportaciones de Marina (1993:17) encontramos lo que podría ser una definición clara de una correcta adecuación del jugador a la situación de juego, cuando señala que la inteligencia consiste en *dirigir nuestra actividad mental para ajustarse a la realidad y para desbordarla*. Es decir, involucrarnos mentalmente para analizar la situación de juego en que nos encontremos y buscar una solución que nos permita superar la complejidad de la misma. Evidentemente, en la búsqueda de esa solución intervienen multitud de factores entre los cuales juegan un papel muy destacado el conocimiento sobre la situación en que nos encontramos, mecanismos perceptivos, atencionales, la motivación, el componente afectivo y la involucración motriz y capacidad de desarrollo de la misma. En este momento nos parece excepcional la aportación de Asensio (2004:118-199), que desde un ámbito general nos puede servir para describir con gran precisión la actuación de un jugador y el manejo de información, así como la toma de decisiones del mismo. Dicho autor señala que *adquirir conocimiento del proceder de una intrincada red de relaciones requiere, por consiguiente, saber orientarse en ella, delimitar el ámbito de complejidad relevante para aquello que se pretende conocer, determinar los elementos más significativos de la red (los más interconectados), diagnosticar las latencias entre perturbaciones y respuestas, así como prestar atención a los efectos secundarios que puedan presentarse*. Este mismo autor señala que sin retroalimentación no hay opción de desarrollar un comportamiento intencional. En definitiva, la actuación del jugador, para llegar a ser coherente y ajustada a la realidad de la situación de juego exige conocimiento del mismo, recepción y atención a los aspectos más determinantes de la misma y, antes de actuar, valorar los posibles efectos de su actuación (Romero, 2005).

En relación a todo lo anterior, Mahlo (1969) establece tres fases en la solución de un problema de juego:

- Análisis Perceptivo, en el cual el sujeto ha de prestar atención al contexto de juego y poco a poco, mediante un proceso de atención selectiva, ir centrándose en los aspectos más relevantes de la situación en la que se encuentre.
- Solución mental, mediante la cual el jugador habrá de construir o elaborar la mejor solución posible en función de sus experiencias previas, de sus conocimientos y de la información que maneja de la situación en que se encuentra.
- Solución motriz del problema, que consiste en la puesta en funcionamiento del ámbito motriz, o también denominada como parte visible de la actuación, la cual se corresponde con la ejecución técnica de los movimientos.

Estos procesos también han pasado por diferentes fases en su interpretación, desde posturas en que se consideraban compartimentos estancos y sucesivos, hasta posiciones en que dichos procesos se interrelacionaban unos con otros y no seguían necesariamente un camino unidireccional. *En el ámbito del comportamiento motor, los modelos explicativos vigentes consisten en aplicar los principios de la teoría de la información en el esquema comportamental, donde se pretende explicar los mecanismos de control del movimiento, (...) desde la recepción de información relevante hasta la programación de la respuesta motora* (Oña, 1994:81-82).

Sirviéndonos del trabajo del último autor nombrado, podemos decir que se ha ido avanzando desde la interpretación del procesamiento de la información en base a un modelo básico del mismo, hasta los modelos de servosistemas. En dicho recorrido nos encontramos muy diferentes aportaciones, que lejos de entenderse como contrapuestas han de ser afrontadas como complementarias, pues el conocimiento de unas ha ido permitiendo la construcción de las restantes. En este sentido, en el trabajo de González Valeiro (2001a) se realiza una revisión general de las aproximaciones al aprendizaje motor, así como de los diferentes modelos de procesamiento de la información. Nos servimos de la misma por su idoneidad para un entendimiento general de los aspectos que nos ocupan. Dichos autores señalan que fue Bernstein (1967) el primero en señalar la importancia de atender tanto a procesos biológicos, como psicológicos y fisiológicos con el fin de comprender la actuación de los sujetos, encontrándonos dentro de los modelos cibernéticos. La evolución en el estudio de estos aspectos permitió el planteamiento de nuevos modelos, tales como los del circuito cerrado de Adams (1971) o la teoría del esquema de Schmidt (1975). En éstas se señala que el aprendizaje es inducido a través de la variabilidad de la práctica, siendo ésta la que permite la elaboración de esquemas cada vez más ajustadas a las demandas que el medio nos exige, en nuestro caso, el contexto de juego en fútbol (Mombaerts, 1996; Garganta y Pinto, 1998; Castelo, 1999; Romero, 2005).

Es a raíz de la preocupación por la respuesta ajustada a las demandas del contexto, de la situación en que nos encontremos, y a la variabilidad de elementos que intervienen en dicho ajuste lo que provoca la evolución de las anteriores posturas hacia una interpretación más ecológica, donde se explica el *aprendizaje como un proceso de adaptación motriz al ambiente, y lo que más diferencia a un experto de un novato es cómo percibe esa información y cómo gana eficiencia en la elaboración de affordance (coordinación entre lo que se percibe y la acción consecuente). La percepción y la acción se influencian recíprocamente y aprender es establecer la mejor función para conjugar estos dos componentes. Aprender es, pues, entrar en un proceso de descubrimiento en el que el sujeto tiene un espacio de trabajo donde confluyen la percepción y la acción* (González Valeiro, 2001a:126). En estas últimas posiciones nos encontramos los modelos cognitivos y ecológicos del desarrollo motor, como contraposición, o más bien, avance de los planteamientos mecanicistas a los que hemos hecho referencia anteriormente. Es precisamente en los enfoques cognitivos, así como en los ecológicos, en los cuales se interpreta el procesamiento de la información en el deporte como parte de un pensamiento operativo que muchos autores vienen a denominar pensamiento táctico (Ruiz Pérez y cols., 2001), que constituye el proceso intelectual de solución del problema de juego (Sampedro, 1999), que será resuelto por cada sujeto de la manera que más útil le sea a él mismo, dependiendo de sus características personales, de sus condiciones iniciales y sobre todo del modo particular de interacción con la tarea (González Valeiro, 2001a) y que supondrá la existencia de tres elementos (Ruiz Pérez y cols., 2001):

1. *Tratamiento de grandes unidades de acción a partir de la unión de un conjunto de elementos en un todo estructurado.*
2. *Reconocimiento dinámico de la situación-problema en la que surge un objetivo que el deportista trata de perseguir.*
3. *Formación de soluciones que puedan ser empleadas en una clase de situaciones o secuencias de acción.*

Estos aspectos, ya reseñados por Mombaerts (1996), son según, Ruiz Pérez y Arruza (2005) los que establecen las diferencias entre unos jugadores y otros en el terreno de juego, por lo cual el tratamiento de los mismos se hace indispensable en cualquier proceso de enseñanza-aprendizaje del fútbol.

Tras la introducción general que hemos realizado del procesamiento de la información en el deporte, hemos podido observar la existencia de una serie de aspectos comunes a la mayoría de los planteamientos mostrados y los cuales vienen a determinar la naturaleza del mismo. Para Bandura (1997) existen cuatro subprocesos dentro del procesamiento de la información y la adquisición de patrones de movimiento, los cuales son:

1. Atención.
2. Retención.
3. Reproducción motriz.
4. Motivación.

Por su parte, Ruiz Pérez y cols. (2001), al referirse a los procesos cognitivos y comportamiento motor señalan varios aspectos primordiales a tener en cuenta:

1. Procesos atencionales.
2. Procesos de memoria.
3. Procesos de toma de decisión.
4. Procesos de feedback y regulación de las acciones.

Para Ste-Marie, Clark y Latimer (2002), la atención y la retención son principalmente responsables de la realización de una representación cognitiva del patrón de movimiento, y conjuntamente constituyen la fase de adquisición y preparación de la respuesta. Asimismo, estos autores señalan que el subproceso de retención es usado para transformar la representación cognitiva por estrategias tales como la elaboración de códigos simbólicos y ensayos. Por su parte, los subprocesos de retención y de motivación pretenden el máximo ajuste del movimiento a la representación cognitiva realizada con anterioridad.

Todos los subprocesos anteriores, como viene a llamarlos Bandura (1997), o mecanismos realizados a la hora de enfrentarse a una situación de juego determinada, lo que han de garantizar es que la decisión tomada sea la adecuada, encontrándonos dentro de lo que Ruiz Pérez y cols. (2001) vienen a llamar la toma de decisiones.

En base a lo anterior Carrol y Bandura (1982) y Bandura (1986, 1997), cit. ambos por Ste-Marie, Clark y Latimer (2002), declaran que la mera presentación del modelo no es suficiente para producir un aprendizaje adecuado de la habilidad, es decir, que la ejecución por parte del profesor, de la habilidad a realizar por los alumnos, si bien es un elemento favorecedor (Ibídem, 2002), no se basta por sí solo para promover la comprensión de la habilidad, sino que la atención, la retención, la reproducción y la motivación se erigen como imprescindibles para tal fin (Bandura, 1997). Por tanto, se reitera una vez más la importancia de los procesos cognitivos en el aprendizaje y desempeño de las habilidades deportivas.

En relación con esto, Helsen, Starkes y Hodges (1998) en estudios que intentan averiguar la importancia de la práctica deliberada en el deporte, señalan que en él ámbito deportivo es necesario tener presentes dos tipos de esfuerzo, por un lado, el intelectual, y, por otro, el físico. De este modo, si bien un corredor precisa más esfuerzo físico que concentración, todo lo contrario ocurre cuando los deportistas realizan práctica imaginada, donde el esfuerzo físico es muy bajo, pero la concentración y/o esfuerzo mental muy alto. Por su parte, diferencian en relación con lo anterior, entre deportes individuales y de equipo, señalando que estos últimos se caracterizan por esfuerzos físicos variables y una gran capacidad de concentración.

Profundizando en el aspecto anterior, Ruiz Pérez y Arruza (2005:70) señalan que en los contexto de juego se ven mezclados el esfuerzo cognitivo y el emocional, y al igual que los anteriores autores señalan la mayor dificultad e importancia de estos aspectos en los deportes colectivos, donde las decisiones individuales están en continua interacción con los oponentes y ha de suponer una toma de decisiones compartida, *en la que existe un reparto de responsabilidades para alcanzar el objetivo en cada momento del partido o competición.*

En el campo específico del fútbol son muy importantes las aportaciones que al respecto de los procesos cognitivos realiza Castelo (1999). Este autor habla de la racionalización de las tareas y misiones tácticas. Recordemos que Ruiz Pérez y cols. (2001) hablaban de los procesos cognitivos en los deportes como un pensamiento táctico. Volviendo a las aportaciones de Castelo (1999:88-89), este autor nos dice que *los juegos deportivos colectivos están caracterizados por innumerables operaciones multifactoriales complejas, cuya realidad viene determinada por actos premeditados que tienen un sentido y un objetivo. En este sentido, la racionalización de las tareas y misiones tácticas de los jugadores representa una de las orientaciones del subsistema estructural, y se establece en función:*

- *de las potencialidades individuales de los jugadores;*
- *de los objetivos tácticos del equipo, y*
- *del conocimiento, más o menos pormenorizado, de las circunstancias en que determinado enfrentamiento irá a transmitir, incluyendo, las particularidades fundamentales del equipo adversario.*

Según el anterior autor existen una serie de actitudes y comportamientos técnico-tácticos de base de los jugadores, de entre los cuales destaca la necesidad de una *atención concentrada sobre todo lo que le rodea, cuidadosa observación del comportamiento de los compañeros y adversarios, condiciones fundamentales para la correcta lectura y valoración de las situaciones de juego. Planear anticipadamente las opciones que se van a tomar para las diferentes situaciones que el juego encierra en sí mismo. Reaccionar con un comportamiento diferente ante lo imprevisible y transitorio del juego* (Castelo, 1999:90). Asimismo, destaca la importancia de un comportamiento que ponga lo individual al servicio de lo colectivo y donde se intente adoptar las soluciones, que respetando los condicionantes de la situación de juego en que se encuentre el jugador, sea lo más fácil y simple posible, con el fin de garantizar su éxito.

En la misma línea, Greháigne (2001:150) señala que *los modos operatorios de un jugador, es decir, su forma de actuar en la realidad, son siempre producto de sus representaciones*. Este autor recurre a las aportaciones de Giordan (1987) para aclarar el concepto de representaciones, interpretándolo como *un modelo de explicación que organiza la percepción, la comprensión de la información y orienta la acción*. Grehaígne, sigue afirmando que esta representación se erige como un sistema de traducción del mundo exterior, que mediante una dotación de significados a la información procedente del contexto del juego permite ajustar las respuestas a las exigencias de la misma. Así, es precisamente el cambio de estos sistemas de representaciones lo que permiten el aprendizaje y la mejora en el desenvolvimiento técnico-táctico y por tanto, en la adecuación del jugador al subsistema estructural de organización de un equipo de fútbol y de la servidumbre de las acciones individuales a los objetivos colectivos del mismo (Castelo, 1999).

Las aportaciones anteriores nos conducen al tratamiento de la toma de decisiones en el fútbol, la cual surge como producto del procesamiento de información y del sistema de representaciones al que hemos hecho referencia anteriormente. Este proceso lo denomina Mombaerts (1996) como gestión de la respuesta, para la cual, según Weineck (1983) se precisa de unas capacidades cognitivas, de unas habilidades técnicas y de unas capacidades psicofísicas, en la línea de lo expresado por Rezende y Valdés (2003, 2003a, 2003b), y cuyo objetivo es obtener un comportamiento óptimo en competición gracias a la utilización de todas las capacidades y habilidades individuales.

Rulence-Pâques, Fruchart, Dru y Mollet (2005) señalan que en los estudios realizados en expertos en ajedrez, matemáticas y física, la resolución de problemas de dichas materias determina que la superioridad de los expertos con respecto a los noveles se debe a un mayor conocimiento específico del área o materia en que se encuentran, así como al uso de dicho conocimiento para percibir y estructurar la información recibida. Estos autores intentan conocer la importancia de estos aspectos en el campo específico del fútbol, como ya hicieron con anterioridad en sus trabajos Helsen, Starkes y Hodges (1998), Helsen y Starkes (1999) y Helsen, Hoges, Van Winckel y Starkes (2000), los cuales, en un intento de determinar los aspectos relevantes que llevan a alcanzar la pericia en el fútbol, señalan que básicamente se debe al mejor dominio e implicación cognitiva en las habilidades específicas de este deporte. Dicha pericia viene auspiciada por un mejor control del procesamiento e interpretación de la información procedente del contexto de juego y por la construcción cada vez más ajustada de un corpus de conocimientos específicos sobre el mismo (Starkes y cols., 1994 cit. por Rulence-Pâques, Fruchart, Dru y Mollet, 2005). De todos modos, como ya hemos venido afirmando a lo largo del marco teórico que estamos construyendo, los estudios con base empírica dedicados al fútbol, y más concreto al fútbol en la iniciación son muy escasos (Morris, 2000), así la manera en que los jugadores reciben y procesan la información, y la forma de proceder en la elaboración de una respuesta, en base al conocimiento específico que poseen, no ha sido objeto de muchas investigaciones, como señalan Thomas y Thomas (1994). De todos modos, parece claro que la manera en que el jugador integra ese conocimiento en estructuras cada vez más complejas es un factor determinante en el desarrollo deportivo de los jugadores y, por tanto, en la eficacia del diseño o toma de decisiones de los mismos (Lerda y cols., 1996 cit. por Rulence-Pâques, Fruchart, Dru y Mollet, 2005).

Capítulo IV

METODOLOGÍA DE APRENDIZAJE EN EL FÚTBOL

4.1. INTRODUCCIÓN.

A lo largo del presente apartado nos vamos a centrar en el tratamiento de los aspectos metodológicos que caracterizan el proceso de enseñanza-aprendizaje del fútbol, haciendo especial hincapié en los modelos de enseñanza deportiva predominantes en la práctica, así como de los métodos y estilos de enseñanza que los caracterizan.

En primer lugar hemos de realizar una aclaración terminológica, pues, como señalan Sicilia y Delgado (2002), existe una gran confusión entre los diferentes términos que aluden a las características de los procesos de enseñanza-aprendizaje en Educación Física y en la enseñanza deportiva, lo cual hace que se mencionen o se aludan a términos sinónimos como aspectos diferentes o, al contrario, que se utilicen términos que no significan lo mismo para referirse al mismo aspecto de la enseñanza.

De este modo, los términos Didáctica, metodología, estrategias metodológicas, métodos de enseñanza, modelos de enseñanza, estilos de enseñanza, técnicas de enseñanza, etc., en una gran cantidad de ocasiones no son utilizados correctamente.

En el ámbito general, el Diccionario de la Real Academia de la Lengua Española (2001) se refiera a la metodología como *la ciencia del método*, entendiendo por método el *modo de decir o hacer con orden una cosa*, o bien, el *modo de obrar o proceder; hábito o costumbre que cada uno tiene y observa*. Por tanto, podemos extraer que la metodología de enseñanza nos permitirá actuar en los procesos de enseñanza-aprendizaje en base a un orden, determinando la manera de proceder en función del marco en que nos ubiquemos. Asimismo, se basa en el conocimiento de los métodos y estilos de enseñanza que determinen la relación de los diferentes elementos que constituyen el proceso de enseñanza-aprendizaje y que determinen la interacción existente entre el profesor y el alumno, o, en nuestro caso entre los jugadores y el técnico deportivo, como se puede extraer del trabajo de Fraile (1996).

En base a las anteriores afirmaciones podemos decir la metodología de enseñanza engloba los estilos de enseñanza, estrategias en la práctica, técnicas de enseñanza, e intervenciones didácticas, dentro de lo que Delgado Noguera (1993) viene a llamar método de enseñanza. Dentro de dicha metodología, el *entrenador se explicitará a partir de poner en práctica un proceso de enseñanza-aprendizaje, en el que se recojan: objetivos, contenidos, formas de enseñar, estrategias para utilizar los recursos existentes, así como una manera de controlar los resultados de sus jugadores.* (Ibídem: 27).

El mismo autor nos habla que la metodología se concreta en el proceso de enseñanza-aprendizaje a través de diversos ejes Jiménez dotes:

- El marco epistemológico que da cobijo a los aspectos teóricos que fundamentarán la enseñanza y la actuación de los entrenadores.
- El marco organizativo de los clubes.
- El marco didáctico del entrenador, como principal responsable o director del proceso de enseñanza-aprendizaje
- El marco personal de los jugadores, entendidos como los principales protagonistas de los procesos de enseñanza-aprendizaje.

Según Águila y Casimiro (1999), la metodología vendrá determinada por los principios pedagógicos a los que atienda, de manera que, grosso modo podemos hablar de dos ámbitos metodológicos generales, por un lado los métodos activos y por otro los tradicionales (Devís y Peiró, 1992; Bayer, 1979; Blázquez, 1995; Águila y Casimiro, 2000; Martínez Chaves, 2001; López Parralo, 2004; Méndez Jiménez, 2003,2005). La principal diferencia que podemos encontrar entre unos y otros es la manera en que se pretende que se impliquen los alumnos, así como el grado de aprendizaje que se busca (Bayer, 1979).

Los elementos que definen uno y otro enfoque, basándonos en las aportaciones de Méndez Jiménez (2005), los podemos resumir en que bajo el prisma tradicional se busca el aprendizaje en base a propuestas analíticas, mecanicistas, repetitivas y basadas en la relación de autoridad unidireccional entre el profesor y los alumnos. Por su parte, el enfoque activo busca la implicación por parte de los alumnos, asumiéndolos como los verdaderos protagonistas de su aprendizaje y teniendo en cuenta la posibilidad de diferentes niveles e intereses entre los alumnos.

4.2. MÉTODOS TRADICIONALES.

Estos métodos también son denominados por Lasierra y Lavega (1993) como Pedagogía Analítica, mientras que Blázquez (1995) señala que pueden ser conocidos mediantes diversas denominaciones, las cuales mostramos a continuación:

MÉTODOS TRADICIONALES
Método Analítico
Método Pasivo
Método Mecanicista
Método Directivo
Método Intuitivo
Método asociacionista

Tabla 36. Diferentes denominaciones por las que se conocen a los métodos tradicionales (Blázquez, 1995:256).

Para Méndez Giménez (2005) el aspecto más importante que los define se basa en la visión estática del aprendizaje que plantean, ya que se contempla al alumno como un sujeto pasivo que ha de aprender una serie de habilidades básicas para el deporte en que nos encontremos, las cuales ha de ir integrando unas con otras bajo un proceso de enseñanza basado en la complejidad creciente y estructurada de los elementos a aprender.

Águila y Casimiro (2001:44) señalan que estos métodos se construyen bajo el prisma del entrenamiento deportivo *en que los entrenadores carecen de la formación pedagógica y didáctica y, por tanto, basan sus planteamientos de aprendizaje en la consecución de un abanico más o menos amplio de elementos técnicos individuales, así como de sistemas de juego colectivo.* Estaríamos hablando de modelos que repiten e imitan el modelo de entrenamiento de los adultos con ciertas adaptaciones para los niños. Blázquez (1995) ahonda en este planteamiento, afirmando que dichos entrenadores *se rigen por su intuición o imitando y reproduciendo la manera como les enseñaron a ellos.* Los últimos autores nombrados realzan un aspecto que nos parece muy importante, pues determinan que estos posicionamientos se sustentan en la lógica del adulto, la cual queda lejos de los intereses y motivaciones de los jugadores

Pero, el aspecto más destacado de este enfoque metodológic sería la relación entre el profesor y el alumno, entre el entrenador y el jugador, la cual se basa en un acusada directividad por parte del primero sobre el segundo y donde la intervención didáctica, esto es, todas las acciones que realiza el profesor con la intención de enseñar (Delgado Noguera, 1991, 1991a), están sustentadas en esa relación. Para ello el profesor se comunica con los alumnos mediante unas *explicaciones detalladas de los aspectos anatómicos y biomecánicos del gesto y en una serie de correcciones al respecto, únicamente enfocadas a la ejecución* (Águila y Casimiro, 2001:45).

Ahora bien, aunque se intenta avanzar de lo simple a lo complejo mediante la descomposición de los gestos en secuencias más sencillas para la ejecución, no se tiene en cuenta lo que es simple o complejo para el alumno, sino que ese criterio de facilidad o dificultad viene determinado por las creencias del entrenador, las cuales se basan con gran asiduidad en las experiencias vividas en su época de aprendiz (Sánchez Bañuelos, 1992; Blázquez, 1995; Ibáñez, 1997; García, 2000; Águila y Casimiro, 2001; Onofre, De la Torre y Velázquez, 2001).

Por tanto, y en base a lo anterior, Blázquez (1995) señala que los métodos tradicionales llegan a ignorar una cuestión vital en el aprendizaje, esto es, el niño o niña, en nuestro caso, jugador o jugadora, y más aún los elementos motivadores que llevan al alumno a querer involucrase en un proceso de enseñanza-aprendizaje deportivo. Sobre este aspecto ya hemos realizado un tratamiento en apartados anteriores, cuando se ha señalado no sólo la importancia, sino el carácter indispensable de que los alumnos se muestren motivados hacia el objeto y contenidos de aprendizaje (Ames, 1984; Ericsson, Krampe y Tesh-Römmer, 1993; Ruiz Pérez, 1994; Garcia Bengoechea, 1997; Goleman, 1997; Pieron, 1999; Robert, Treasure y Kavussanu, 1997; Robert, 2001; Pujals y Vieira, 2002; Ommundsen y cols., 2003).

Asimismo, dentro del abanico de orientaciones motivacionales, polarizadas en la orientación hacia la tarea y en la orientación hacia el resultado (Chelladurai, 1984; Riemer y Chelladurai, 1995; Hatzigeorgiadis y Biddle, 2002; Horn, 2002), bajo los métodos tradicionales se pone excesivo énfasis en los resultados, los que da lugar a una elevada preocupación por las victorias y por demostrar el nivel de habilidad ante el entrenador, padres y resto de jugadores (Garland y Barry, 1988; Blázquez, 1995; Duda y Hall, 2001; Méndez Giménez, 2005). Este hecho conlleva que los jugadores no busquen un desarrollo personal, sino basarse y repetir continuamente las habilidades que más dominan, con el fin de obtener éxito continuamente (Blázquez, 1995; Contreras, De la Torre y Velázquez, 2001)

A modo de resumen podemos decir que los métodos tradicionales, según Blázquez (1995) tienen una serie de deficiencias, las cuales podemos resumir en las que mostramos en la tabla 37.

DEFICIENCIAS DE LOS MÉTODOS TRADICIONALES
Carácter excesivamente analítico, que da lugar a una pérdida de contacto con el contexto global y real del juego
El marcado carácter directivo de los entrenadores da lugar a una pérdida de iniciativa en el niño.
Las propuestas planteadas generan desencanto en los alumnos, pues no son tan divertidas como ellos esperaban a la hora de involucrarse en el aprendizaje de un deporte. Esto lleva consigo la apatía y el aburrimiento de los jugadores.
Estos modelos retrasan la culminación del aprendizaje pues no se juega hasta que se dominan las técnicas básicas necesarias, a juicio de los entrenadores, para poder realizarlo con éxito.
Sólo se experimenta éxito cuando se demuestra pericia ante los demás y cuando se obtienen victorias.

Tabla 37. Deficiencias de los modelos tradicionales según Sánchez Bañuelos cit. por Blázquez (1995:258).

4.3. MÉTODOS ACTIVOS.

Por su parte, los métodos activos surgen como consecuencia de las investigaciones realizadas en el ámbito de la iniciación deportiva, y como producto de percatarse de la necesidad de dar lugar a procesos de enseñanza-aprendizaje más ajustadas a la realidad del juego y del jugador. Como vimos en el apartado dedicado al análisis de los procesos cognitivos en el fútbol, es a partir de mitad del siglo XX cuando los posicionamientos en torno al desarrollo motor y el aprendizaje deportivo perciben esta necesidad y empiezan a dar lugar a aproximaciones más centradas en enfoques globalizadores e integrados. Dentro de los precursores de este nuevo acercamiento podemos citar a Mahlo (1969), Bayer (1979) y Bunker y Thorpe (1983), todos figuras impulsoras de una necesidad de cambio dentro de la enseñanza de los deportes colectivos.

Dentro de estos métodos se avanza desde posturas centradas en el aprendizaje descontextualizado de la realidad del jugador, a prestar atención al progreso realizado por el debutante y el esfuerzo del mismo, así como a tener muy presente la importancia de los aspectos motivacionales dentro del proceso de enseñanza-aprendizaje (Blázquez, 1995). Este último autor, al igual que ya hizo con los métodos tradicionales, señala que los activos también pueden ser denominados de varias maneras, las cuales las recogemos en la siguiente tabla 38.

MÉTODOS ACTIVOS
Método global
Método sintético
Pedagogía de las situaciones
Pedagogía del descubrimiento
Pedagogía exploratoria
Método estructuralista

Tabla 38. Diferentes denominaciones por las que se conocen a los métodos activos (Blázquez, 1995:259).

Para Águila y Casimiro (2001:45), estos métodos, *además de entender profundamente las características propias del deporte, están basados en el practicante (...). De acuerdo con la forma concreta que tienen los niños de acceder al conocimiento*. Los mismos autores nos vienen a señalar que la base de la enseñanza bajo la perspectiva de los métodos activos se sustenta en situaciones reales de juego en la que se busca la solución a un problema y donde los gestos o técnicas son partes de los mismos. Es precisamente el hecho de que el proceso de enseñanza-aprendizaje se realice a través de formas jugadas lo que garantiza la motivación de los jugadores en la búsqueda de las soluciones a los problemas planteados.

En el anterior aspecto radica la principal diferencia entre uno y otro método de enseñanza, pues si bien en el tradicional, la figura del jugador era pasiva, aquí son los encargados de buscar soluciones a los problemas de juego planteados. En este caso el alumno se centra en la tarea, siendo la misma hacia la que *se encamina la acción más que en fomentar la habilidad delante de los demás o conseguir éxitos o resultados reconocidos por los otros* (Blázquez, 1995:258-259).

Para profundizar en el anterior aspecto nos permitimos recoger una interesante aportación de Méndez Giménez (2005:22), que sintetiza perfectamente la filosofía de estos métodos. Dicho autor, al referirse a los métodos activos, señala que *focalizan su atención en el progreso realizado por el debutante, partiendo de sus intereses y reclamando su iniciativa, imaginación y reflexión en la situación motriz con el objeto de adquirir unos conocimientos adaptados y deportistas inteligentes. Este enfoque entiende que el sujeto nunca parte de cero en la adquisición de conocimientos y de habilidades. Cada sujeto dispone de una estructura de movimiento inicial, de forma que un nuevo acto motor modifica la estructura existente.* Asimismo, este autor señala que *se parte de la situación real de juego, elemento motivador del aprendizaje del niño. A partir del juego y de las situaciones problema surgen las dificultades reales y el alumno se implica en la acción, y debe buscar soluciones para resolver los obstáculos.*

El principal objetivo de estos modelos de enseñanza es conseguir unos aprendizajes sólidos y desarrollar la inteligencia de juego, en la línea de lo expresado por Blázquez (1995), Wein (1995), Sampedro (1999), Garganta (2004), Ruiz Pérez y Arruza (2005) y Romero (2005). Donde no se buscan repetidores de acciones, sino jugadores capaces de pensar y elaborar su propias soluciones técnico-tácticas a las situaciones de juego en que se encuentren (Morcillo y Moreno, 2000; Pino y cols., 2001; Romero, 2005), donde se mejore la capacidad de los mismos para adaptarse a situaciones nuevas (López, 2004) y donde, refiriéndonos al fútbol, se trabaje bajo una filosofía que Wein (1995) resume en una sola frase: *jugar a fútbol sin pensar es como tirar a portería sin apuntar.*

Los modelos activos encuentran sustento dentro de las teorías del aprendizaje de Piaget (1969), cuando este señala que el niño aprende de lo general a lo particular, es decir, y trasladándolo a los deportes colectivos, del juego real a las habilidades específicas y gestos técnicos concretos, pues lejos de éste, el niño no encontrará ni sentido, ni validez, a los últimos (Blázquez, 1995). Encontramos aquí un punto de contraposición absoluta entre los planteamientos de estos métodos y el de los tradicionales, donde no se concebía la práctica de juego real sin un previo dominio de los gestos técnicos. Por tanto, dentro de los métodos activos, se pretende trabajar en base a los conceptos de aprendizaje significativo de Ausubel (1983) y constructivismo de Vigotsky (1978), tomando al alumno como verdadero protagonista y constructor de su aprendizaje.

Para Giménez (2003), los métodos activos han de estructurase en torno a las siguientes premisas:

- Utilización del juego como principal medio de aprendizaje.
- Modificación de las reglas en función de las actitudes e intereses de los alumnos.

- Desmitificar la importancia del aprendizaje técnico específico, entendiéndolo como parte de un constructo técnico-táctico y asumiendo que fuera del mismo no tiene sentido.
- No argumentar el éxito o fracaso del proceso de enseñanza-aprendizaje en función de los resultados obtenidos en la competición, utilizando ésta como un elemento motivador y de aprendizaje más que como un aspecto selectivo.

4.4. MODELOS DE ENSEÑANZA EN EL DEPORTE.

En primer lugar hemos de diferenciar entre modelos de enseñanza deportiva y métodos de enseñanza deportiva. En el apartado anterior hemos intentado definir los métodos de enseñanza deportiva, como lo que nos va a permitir actuar de forma ordenada en el proceso de enseñanza aprendizaje en base a unos fundamentos psicopedagógicos determinados y mediante la administración de los recursos de que dispongamos para el cumplimiento de los objetivos planteados (Fraile, 1996). Estos métodos nos darán respuesta al cómo enseñar (Soares y Santana, 2005) y determinarán la manera en que se da protagonismo al alumno a lo largo de la adquisición de los aprendizajes (Bayer, 1979). Es más, existe una gran confusión terminológico en torno al concepto de método, como afirman Sicilia y Delgado (2002). Estos autores hablan de método como *un conjunto de momentos y técnicas, lógicamente coordinados, para dirigir el aprendizaje del alumno hacia determinados objetivos. En definitiva, media entre el profesor, el alumno y lo que se quiere enseñar* (Ibídem, 2002:24). Estos mismos autores recomiendan el uso del término método cuando nos queramos referir de forma general a la manera de conducir la enseñanza.

Por su parte los modelos de enseñanza deportiva, aunque su concreción en la práctica también alude al nivel de protagonismo del alumno en su propio proceso de aprendizaje, hacen más referencia a la manera en que nos acercamos a la enseñanza deportiva, o más bien, la progresión que se sigue en la iniciación deportiva a lo largo del período en que el jugador toma contacto con una especialidad deportiva hasta que la practica con cierta eficiencia y eficacia (Blázquez, 1995). Los modelos de enseñanza deportiva los podemos entender como la filosofía de aproximación al tratamiento de los contenidos propios de cada deporte o grupos de deportes.

Primordialmente podemos distinguir dos modelos de enseñanza deportiva, por un lado el tradicional o técnico, y por otro el alternativo o táctico (Bayer, 1979; Sánchez Bañuelos, 1992; Blázquez, 1995; Devís, 1996; Werner,

Thorpe y Bunker, 1996; Graça y Olivera, 1998; Águila y Casimiro, 1999, 2000; Martínez Chaves, 2001; Méndez Giménez, 2003, 2005; López, 2004; Castejón, 2002, 2004, 2005; López Roz y Castejón, 2005; Soares y Santana, 2005). Ahora bien, aunque el posicionamiento en uno u otro modelo lleva prácticamente implícita la utilización de unos u otros métodos de enseñanza, dichos modelos no se ciñen a unos en exclusividad, sino que puede utilizarse todo el abanico ofrecido por ellos independientemente del modelo de enseñanza deportiva en que nos encontremos.

Lo que si está claro es que uno y otro modelo se configuran bajo la cobertura de un paradigma educativo y una corriente de pensamiento, *por un lado, las teorías asociacionistas sustentan el modelo tradicional, basado fundamentalmente en la enseñanza de las habilidades deportivas como paso previo al aprendizaje de los fundamentos tácticos y al desarrollo del juego en situación real; por otro lado, las teorías cognitivistas respaldan los modelos alternativos, fundamentados en la enseñanza de los principios tácticos comunes antes de abordar los aspectos técnicos* (Méndez Giménez, 2003:123). Por tanto, encontramos una relación directa entre los contenidos que trataremos a continuación y el apartado dedicado a los procesos cognitivos en el fútbol, el cual precede al presente y donde se hacía referencia a la necesidad de implicación y comprensión de los jugadores de la realidad del juego del fútbol, entendiéndolos como sujetos activos constructores de su propio aprendizaje (Wein, 1995; Mombaerts 1996, Garganta y Pinto, 1998, Romero, 2005), para lo cual hicimos una revisión del tratamiento de la información por parte de los jugadores y de las diferentes aproximaciones que se han realizado respecto a este tema, avanzando desde teorías conductistas y mecanicistas, hasta teorías cognitivas.

Mombaerts (1998:18-19), en el campo específico del fútbol, habla del modelo tradicional como un enfoque analítico que se sustenta en la fragmentación de los diferentes elementos que determinan el rendimiento del jugador. Por su parte, habla del modelo alternativo o táctico argumentando la necesidad de un bagaje técnico-táctico del jugador que *permita al practicante construir su fútbol situando la práctica en el campo de juego sobre base creativas, que dejen jugar plenamente la autonomía, la toma de iniciativas y la aceptación de responsabilidades.* Estas mismas creencias son compartidas, con diferentes matices, pero con el mismo fondo diferentes autores que hablan de la necesidad de dicha implicación y desarrollo de la creatividad (Wein, 1995; Garganta y Pinto, 1998; Morcillo y Moreno, 2000; Gréhaigne, 2001; Ardá y Casal, 2003; Romero, 2005).

Como podemos observar, las afirmaciones de Mombaerts (1998) vienen a corroborar la aclaración conceptual que hemos intentado realizar en torno a los conceptos de modelos de enseñanza deportiva y métodos de enseñanza deportiva. Vemos como por un lado, a través de uno u otro modelo se busca el desarrollo de elementos técnicos o elementos tácticos en primer lugar para caminar hacia los otros en segundo término. Esto constituye el sustento teórico del modelo. Asimismo, en base a las aportaciones de este último autor nombrado, así como a las de Blázquez (1995) y Méndez Giménez (2003), entre otros, en el campo genérico, o a las de Garganta y Pinto (1998), Morcillo y Moreno (2000), Gréhaigne (2001), Lago (2002), Garganta (2003), en el campo específico del fútbol, se pueden asociar los métodos tradicionales a los modelos técnicos, y los métodos activos a los modelos alternativos, pues si bien en los primeros la implicación del alumno se resume a la reproducción o ejecución de los ejercicios planteados por el entrenador, en el segundo de los casos, se busca la implicación cognitiva de los jugadores con el fin de desarrollar los conceptos y habilidades técnico-tácticas que permitan la comprensión del juego (Martínez Chaves, 2001; López, 2004; Castejón, 2005; García López, 2006[16]).

En relación a lo anterior, Castejón y cols. (2003) hablan de modelo técnico y modelo comprensivo. Aunque, si bien dentro del modelo técnico no hacen subdivisiones, en el modelo comprensivo incluye las siguientes aproximaciones o, podríamos llamar, submodelos diferentes, todos basados en la prioridad que se le quiere dar a la comprensión del juego por parte de los jugadores. Estos autores identifican, por tanto un mayor abanico de modelos de enseñanza deportiva, y en un trabajo muy interesante señalan la procedencia de cada uno de ellos, como recogemos en la siguiente tabla 39.

---

[16] Visto en World Wide Web
(www.uclm.es/PROFESORADO/RICARDO/Docencia_e_investigacion/LuisMiguelGarcia1.htm).
1/4/2006.

Modelos de Enseñanza Deportiva	
Modelo técnico	Falkowsky y Enriquez, 1979; Sánchez Bañuelos, 1994.
Modelo Comprensivo Vertical	Wein, 1991 y 1995; Usero y Rubio, 1993.
Modelo Comprensivo Horizontal Estructural	Bayer, 1979; Blázquez, 1986; Lasierra y Lavega, 1993; Jiménez Jiménez, 1993 y 1994.
Modelo Comprensivo Horizontal Centrado en el Juego	Thorpe, 1992; Read, 1992; Almond y Warning, 1992; Devís y Peiró, 1992; Devís, 1996; Méndez Giménez, 1998.
Modelo Integrado	French y cols., 1996, Castejón y López Ros, 1997; López Ros y Castejón, 1998.
Modelo Constructivista	Contreras, De la Torre y Velázquez, 2001.

Tabla 39. Modelos de enseñanza deportiva (Castejón y cols., 2003:72)

Por su parte, García López (2006), recoge igualmente la diferenciación entre modelo técnico y comprensivo o alternativo, entendiendo dentro de este último los citados por los anteriores autores como comprensivo vertical, horizontal estructural y horizontal centrado en el juego.

En los siguientes apartados vamos a tratar con mayor profundidad las características de los diferentes modelos de enseñanza deportiva, haciendo la diferenciación entre modelo técnico o tradicional y alternativo, comprensivo o táctico. Igualmente, dentro del modelo que así lo requiera estableceremos las diferencias entre los posibles submodelos existentes.

Antes de entrar en esa diferenciación, y tratamiento específico de cada modelo, nos parece muy acertada la apreciación de Devís y Sánchez Gómez (1996) cuando vienen a señalar que la elección de uno u otro modelo viene determinada por los intereses del medio o contexto en que nos movamos, señalando que los modelos prioritariamente técnicos y verticales se relacionan más con los ámbitos federativos, mientras que los comprensivos encajan mejor dentro de contextos educativos, donde el rendimiento no sea el único indicador a seguir.

Igualmente, uniéndonos a los que expresan Contreras, De la Torre y Velázquez (2001), el tratamiento de ambos modelos no debe centrarse en una confrontación de las ventajas e inconvenientes de un modelo respecto al otro, sino en el análisis de la posibilidades de uno y otro en función del contexto en que nos movamos y de los objetivos que persigamos.

4.4.1. MODELO DE ENSEÑANZA DEPORTIVA TÉCNICO O TRADICIONAL.

El principal sustento del modelo técnico es el desarrollo de técnicas deportivas fundamentales como paso previo al aprendizaje de aspectos tácticos y a la práctica de juego en situación real (Méndez Giménez, 1999). El aprendizaje de dichas técnicas se hace a través de *series de secuencias que llevan al alumno de forma progresiva al alcance de la meta prevista* (Ibídem, 2005:27).

Este modelo se encuentra dentro de la cobertura de las corrientes inducidas por el desarrollo industrial de finales del s.XIX y comienzos del XX, dentro del pensamiento científico-técnico, la psicología conductista y los posicionamientos tecnológicos de la enseñanza (Kirk, 1990; Contreras, 1998; Contreras, De la Torre y Velázquez, 2001). Es por ello que, según Ruiz Pérez (1996) se sustentan en la aplicación de los principios del condicionamiento operante a la enseñanza deportiva.

Se fundamenta este posicionamiento en la corriente extendida a lo largo del siglo XX de la necesidad de que todo tipo de práctica sea auspiciada por unos conocimientos científicos, lo cual, en el campo de la Educación Física y el deporte, propició el pensamiento tecnológico predominante, aunque el mismo constituyera un entramado descontextualizado de la práctica deportiva como tal (Contreras, 1998; Contreras, De la Torre y Velázquez, 2001). Estos mismos autores señalan que lo anterior da lugar a un modelo de enseñanza por objetivos mensurables y operativos, determinando de manera bastante hierática los medios didácticos a emplear y la manera de emplearlos. Estos medios, los recursos y la forma de utilizarlos, así como la elección de los objetivos, contenidos y tareas de enseñanza son elegidos únicamente por el entrenador, dando lugar a un sistema de comunicación unidireccional en que los intereses y motivaciones de los jugadores no son tenidos en cuenta (Sánchez Bañuelos, 1992).

Estos posicionamientos, que, según Méndez Giménez (2003), son los predominantes en la actualidad, abogan por una *iniciación deportiva desde la consideración del aprendiz como un sujeto pasivo que registra mecánicamente las informaciones y aprendizajes que le son suministrados* (Contreras, 1998). *Se trata, por tanto, de una enseñanza centrada en el profesor, masiva y analítica, en la que se proporciona directamente la información al alumnado* (Méndez Giménez, 2005), y en la que se relega a una posición poco relevante la comprensión de la esencia del juego y la práctica del mismo, la cual se otorga como premio a un buen entrenamiento o como medio de catarsis, pero sin una conexión clara con los objetivos marcados (Méndez Giménez, 2003).

El fundamento en que se basa este modelo es en la adquisición de las destrezas básicas del deporte en que nos encontremos, partiendo del aprendizaje de los modelos técnicos, considerados como ideales, los cuales han sido conseguidos a través de la práctica o de una larga experiencia (Sánchez Bañuelos, 1992). Por tanto, se trabaja en base a un orden secuencial en que se prioriza sobre la adquisición de las habilidades básicas del deporte que nos ocupe, para una vez asimiladas y dominadas se vayan incluyendo en situaciones donde se traten aspectos de carácter táctico. En este sentido, Sánchez Bañuelos (1992) y Contreras (1998) muestran las fases en que se basa el modelo de enseñanza técnico o tradicional, las cuales las recogemos en la siguiente tabla.

Fases de la progresión de enseñanza bajo el modelo técnico o tradicional	
Sánchez Bañuelos (1992)	Onofre, De la Torre y Velásquez (2001)
1. Presentación global del deporte.	1. Adquisición de las habilidades específicas (aspectos técnicos)
2. Familiarización Perceptiva.	
3. Enseñanza de los modelos técnicos de ejecución	
4. Integración de los fundamentos técnicos en las situaciones básicas de aplicación.	2. Utilización de las habilidades específicas en situaciones simuladas de juego
5. Formación de los esquemas básicos de decisión.	3. Integración de las habilidades específicas de juego real e iniciación a sistemas tácticos colectivos.
6. Enseñanza de esquemas tácticos colectivos.	
7. Acoplamiento técnico-táctico de conjunto.	

Tabla 40. Fases de enseñanza en los modelos tradicionales.

El aprendizaje en este modelo se basa en la repetición mecánica de los gestos, los cuales se descomponen en partes más sencillas para realizar una progresión en dificultad hasta ensamblarlas en la ejecución completa de la técnica a aprender. Esta progresión no se basa en las características de los alumnos o en sus diferentes niveles, sino en una progresión más o menos estandarizada que persigue un modelo de ejecución que se considera una solución eficaz (Sánchez Bañuelos, 1992). Se busca con este modelo reducir al nivel mínimo el error de los jugadores en el proceso de aprendizaje de las habilidades, hecho por el cual se descompone en partes el gesto a aprender

(Contreras, 1998). Por lo tanto, aunque se pueden utilizar otras estrategias en la práctica, la que caracteriza primordialmente este modelo es la analítica (Castejón y cols., 2003).

Por su parte, la técnica de enseñanza que define estos modelos de enseñanza es la instrucción directa, *donde el alumno o alumna depende totalmente del profesor o profesora* (Contreras, De la Torre y Velázquez, 2001:149), o, en nuestro caso, entrenador o entrenadora. Por tanto, como ya dijimos anteriormente estamos dentro de una comunicación unidireccional donde toda la responsabilidad recae en la figura del profesor. En este sentido son muy interesantes las aportaciones de los últimos autores nombrados cuando señalan que en las últimas fases de enseñanza de la progresión que antes hemos referido se podría utilizar otra técnica de enseñanza, más basada en la búsqueda o indagación, pero que quizás sería contraproducente pues crearía un gran desconcierto en los alumnos, pues acostumbrados a no tener relevancia en la toma de decisiones del proceso de enseñanza-aprendizaje, este cambio podría acarrearles algún conflicto.

Los estilos de enseñanza propios de este modelo de enseñanza serían cercanos al mando directo y la asignación de tareas, donde el alumno o jugador se limita a hacer o reproducir las instrucciones del entrenador.

Otro de los aspectos que queremos incluir dentro del tratamiento de los modelos de enseñanza deportiva es el tipo de entrenador que se puede encontrar en cada uno de ellos, pues, como afirma (Sicilia y Delgado, 2000; Gallego y Salvador, 2002) el profesor, maestro o entrenador, en nuestra caso, es el que en última instancia tiene la responsabilidad de posicionarse en uno u otro entramado metodológico, concediendo, por ende mayor o menor responsabilidad a sus alumnos. En este sentido, partiendo de la propuesta de Marrero (1988) y de la adaptación al campo de la Educación Física que de ella hace Romero (1995), podemos hablar de diferentes tipos de docente en función de sus ideas, posicionamientos o, en resumidas cuentas, de sus teorías implícitas. Aunque este apartado se desarrollará con mayor detenimiento en el específico del cuestionario de teorías implícitas, que hemos incluido dentro del capítulo III, pretendemos en este momentos realizar una breve introducción al mismo. Como decíamos, para los últimos autores nombrados, nos podemos encontrar con diferentes tipos de docentes, que en base a lo que argumenta Ibáñez (1996), podemos y debemos trasladarlo al campo de los entrenadores. Dichos tipos de serán:

- Entrenador tradicional, ubicado dentro de planteamientos propios de la teoría dependiente. Este entrenador concibe la enseñanza como

guiada y dirigida por él. Mantiene una actitud distante respecto a los alumnos, los cuales han de llevar todos el mismo ritmo de aprendizaje, que además considera que no pueden aprender por sí solos.
- Entrenador productivo-técnico, ubicado dentro de la teoría productiva. Se busca, por encima de todo, la eficacia de la enseñanza y el aprendizaje, trabajando en base a objetivos operativos.
- Entrenador práctico o procesual, encuadrado en las ideas de la teoría expresiva. Este tipo de entrenador se caracteriza por querer que los alumnos estén siempre practicando y experimentando en todas las situaciones enseñanza-aprendizaje que puedan ubicarse dentro de la sesión de trabajo o entrenamiento.
- Entrenador constructivista, conforme a los presupuestos de la teoría interpretativa. Aquí el entrenador se centra en las necesidades, posibilidades y limitaciones de los jugadores, intentándolos implicar activamente en su propio proceso de enseñanza-aprendizaje, el cual se basa en el principio de la comprensión, en el aprendizaje significativo y constructivo.
- Entrenador emancipatorio o sociocrítico, que será aquel que se muestre identificado con los planteamientos de la teoría sociocrítica. Es una postura, la del entrenador de esta tipología, que busca objetivos que van mucho más allá de la mera enseñanza del fútbol y que trata de encuadrar su práctica dentro del marco sociocultural en que se encuentra. Su enseñanza tiene índole crítico e intencionalidad emancipatoria.

Pues bien, dentro del modelo de enseñanza deportiva técnico o tradicional podemos identificar primordialmente los entrenadores dependiente y técnicos o productivos, pues, en ambos casos el modelo de entrenador que se busca es un técnico experto en el deporte que enseña y donde esa pericia viene dada, mayormente por sus años de práctica deportiva y por las experiencias vividas en ella, la cual, como afirman Romero y Vegas (2002), no es la más adecuada para las fases de enseñanza y edades en que nos movemos.

En última instancia, hemos de decir que el modelo técnico ha sido de comprobada validez para sistemas basados en la competición y en la obtención de resultados a corto plazo (Sánchez Bañuelos, 1992; Contreras, 1998, Contreras, De la Torre y Velázquez, 2001, Méndez Giménez, 2005). Pero, todos estos autores encuentran una serie de insuficiencias en su aplicación desde un punto de vista más globalizador o integrado, como lo viene a llamar Romero (2005).

Estas insuficiencias las podemos resumir, a través de las aportaciones de los anteriores autores en las siguientes:

- No tener en cuenta las diferencias individuales de los jugadores.
- Por basarse en el aprendizaje repetitivo no presta atención a la motivación, el cual se torna imprescindible, como hemos visto en el apartado dedicado a los procesos cognitivos en el fútbol, para un correcto proceso de enseñanza-aprendizaje.
- Toda la responsabilidad recae en el entrenador, con lo cual los jugadores asumen un papel pasivo en el que se limitan a reproducir las órdenes del entrenador y son totalmente dependientes de las decisiones de éste, tanto en el entrenamiento como en los partidos, lo cual, bajo el análisis del juego de fútbol que hemos hecho, así como con el conocimiento de los procesos cognitivos que se precisan en los deportes de las características del fútbol, no llevan consigo un marco idóneo para la asunción de responsabilidades y el fomento de la creatividad en los jugadores.

Intentaremos resumir en la siguiente tabla los aspectos más relevantes del modelo técnico o tradicional:

MODELO TÉCNICO O TRADICIONAL	
ESTILOS DE ENSEÑAZA	MANDO DIRECTO ASIGNACIÓN DE TAREAS
ESTRATEGIA EN LA PRÁCTICA	ANALÍTICA ANALÍTICA SECUENCIAL
TÉCNICA DE ENSEÑANZA	INSTRUCCIÓN DIRECTA
MODELOS DE ENTRENADOR	TÉCNICO PRODUCTIVO EXPRESIVO
ÁMBITO DE ACTUACIÓN	FEDERATIVO COMPETITIVO
PAPEL DEL JUGADOR	PASIVO EJECUTAR LAS INSTRUCCIONES DEL ENTRENADOR
ESTRATEGIAS METODOLÓGICAS	APRENDIZAJE POR REPETICIÓN MINIMIZACIÓN DEL ERROR DURANTE EL APRENDIZAJE

Tabla 41. Características básicas del modelo de enseñaza deportiva tradicional o técnico

4.4.2. MODELO DE ENSEÑANZA DEPORTIVA ALTERNATIVO O TÁCTICO.

Los modelos alternativos de la enseñanza de los juegos deportivos están basados en la focalización de dicha enseñanza en la táctica en lugar de en la técnica que había sido el elemento central de los modelos tradicionales (Contreras, 1998:225). Este mismo autor señala que son Mahlo (1969) y Döbler y Döbler (1980) los precursores de este nuevo enfoque, empujados por la idea de la existencia de una serie de factores comunes en los deportes de equipo y cuyo aprendizaje sería de utilidad para un ulterior desarrollo de los mismos. Si bien, la importancia que se da al aprendizaje táctico es una de las grandes diferencias que se pueden establecer entre éste y el anterior modelo de enseñanza, no es la única. Una de las más destacadas es el papel activo que juega el alumno en el modelo alternativo o táctico, donde, según Morcillo y Moreno (2001:337) la principal justificación de elección de esta metodología es la de provocar la reflexión en los practicantes en los deportes abiertos y poco previsibles, *reforzando de ese modo la comprensión del juego y la búsqueda de soluciones a los problemas situacionales que el juego plantea.*

El modelo alternativo se sustenta en la teoría constructivista que afirma que *el sujeto accede al conocimiento mediante la organización progresiva de estructuras cuyos ajustes y reajustes continuos se deben a la interacción con el medio* (Méndez Giménez, 2005:28). De esta manera, el jugador avanza de lo general a lo individual, de acuerdo a las teorías de aprendizaje propugnadas por Piaget (1969) y mediante el contacto con el juego (Blázquez, 1995). Si en los modelos técnicos o tradicionales el papel del alumno era pasivo y la implicación cognitiva del mismo, tanto en su propio aprendizaje, como en la búsqueda de soluciones a las situaciones en que se encuentran, bajo la cobertura de los modelos alternativos, el principal fundamento es precisamente la búsqueda de esa implicación cognitiva por parte del alumno. Aquí es dónde radica una de las grandes diferencias que nos encontramos entre estos modelos y el tradicional o técnico, esto es, en el papel del alumno en su proceso de enseñanza-aprendizaje. Éste pasa de ser un sujeto pasivo y ejecutante de las acciones que le propone el entrenador, a un sujeto activo y reflexivo que, en base a los conocimientos y experiencia que va adquiriendo, va tomando sus propias decisiones, por lo cual es fundamental la comprensión del juego y la adaptación de sus propias posibilidades, necesidades y limitaciones a la situación en que se encuentre (Bayer, 1979). Es en este aspecto donde encontramos un punto de encuentro con el conocimiento de los jugadores acerca del juego que practiquen, aspecto ya tratado dentro del capítulo dedicado a los procesos cognitivos. En este sentido, Ruiz Pérez (1994) señala la conveniencia de que los alumnos desarrollen un conocimiento sobre las acciones que conocen como elemento favorecedor de la comprensión del juego.

El modelo alternativo surge como consecuencia de las insuficiencias que muchos entrenadores e investigadores encuentran en el enfoque técnico de la enseñanza, principalmente en su descontextualización del juego y, por ende, en la falta o ausencia de motivación e implicación en los aprendices, tanto por el carácter monótono y repetitivo de las actividades de enseñanza, como por la poca o nula importancia que se le da a las opiniones o intereses de los jugadores (Wein, 1995; Martínez Chavez, 2001; Contreras, De la Torre y Velázquez, 2001). Con estas miras, la enseñanza se basa en *juegos, formas jugadas, juegos simplificados y modificados o situaciones de entrenamiento que representen pequeñas escenas de juego; así se le brinda un lugar en el entrenamiento a los procesos cognitivos implicados en la acción (pensamiento, percepción, análisis y solución mental) y el jugador aprende por la confrontación activa y exploratoria con el entorno real de juego* (Martínez Chavez, 2001:2).

Asimismo, surge como contraposición al tratamiento de los contenidos de enseñanza deportiva desde un punto de vista parcelado, primordialmente en enseñanza de la técnica y enseñanza de la táctica. Para el modelo alternativo o táctico, se percibe el aprendizaje desde un punto de vista global y no como suma de partes, y, es más, el punto de partida se fundamenta en que *se aprende a jugar a través de dejar jugar* (Soares y Santana, 2005).

Aunque estos modelos beben de fuentes tales como Bayer (1979), Parlebas (1981), Bunker y Thorpe (1983,1986), Thorpe, Bunker y Almond (1986a, 1986b), podemos decir que se consolidan dentro del ámbito español, primordialmente a través de los trabajos de Durán y Lasierra (1987), Devís (1990a, 1990b), Devís y Peiró (1992), Blázquez (1995), Castejón (1995), Santos, Viciana y Delgado (1996), Contreras (1998), López y Castejón (2005), Lasierra y Lavega (1993), Usero y Rubio (1993, 1996). Ahora bien, nos parecen muy interesantes las aportaciones de Devís y Peiró (1992), así como de Devís y Sánchez (1996) cuando señalan que en un principio estos modelos tuvieron mucho desarrollo teórico, pero poco práctico, principalmente por el desconocimiento de sus propuestas y por la escasa formación de los entrenadores para desarrollar metodologías y estrategias en las que la formación didáctica, pedagógica y de conocimiento de los alumnos desbordaba y desborda los impartidos en los cursos para la obtención de los títulos de entrenador (Ibáñez, 1996, 1998; Romero y Vegas, 2002; Morcillo, 2003). En este sentido García López (2006) destaca la importancia de realizar una reflexión acerca de las verdaderas posibilidades de estos modelos en la práctica por medio de una comprobación científica de las teorías que postulan, idea ya expresada por Castejón y cols. (1997) cuando señalan que dicha comprobación ha de servir para conocer que efectos provoca en el alumnado este tipo de acercamiento al deporte y si se consigue una formación más adecuada a las exigencias del deporte en que nos encontremos. En este sentido, diversas investigaciones (Durán y Lasierra, 1987; Turner y Marteniuk, 1992; Micthell, Griffin y Oslin, 1995; García Herrero, 2001) no obtienen resultados muy clarificadores, ni muy diferenciadores entre uno y otro modelo de enseñanza.

Si bien, dentro del modelo técnico, no hablábamos de subdivisiones, en el modelo táctico o alternativo si podemos hablar de diferentes aproximaciones, pero todas ellas respetando los aspectos que hemos venido señalando anteriormente. En este sentido, Contreras (1998) habla de modelo horizontal y modelo vertical (tabla 42).

MODELOS DE ENSEÑANZA ALTERNATIVOS O TÁCTICOS		
MODELO VERTICAL	La iniciación deportiva se centra en un solo deporte a través de una progresión de juegos reales, modificados o reducidos. A través de ellos se busca que el alumno aprenda los aspectos técnicos y tácticos básicos del deporte con el fin de mejorar desenvolvimiento en el juego real.	Ambos modelos se sustentan en la creencia de que los juegos utilizados tendrán transferencia en el desenvolvimiento del alumno en el juego real.
MODELO HORIZONTAL	La iniciación es común a varios deportes con similitudes estructurales. Se fomenta la iniciativa en la resolución de problemas por parte de los alumnos, aunque no queda clara la manera en que se desarrolla la comprensión táctica, recayendo en gran medida en la intuición y capacidad individual de cada jugador.	

Tabla 42. Modelos alternativos de iniciación deportiva de los juegos deportivos en España (Contreras, 1998).

Por su parte, Devís y Sánchez (1996) hablan de tres modelos diferentes, si bien no contradice la clasificación del primer autor señalado. Al igual que la clasificación que hemos recogido anteriormente, estos autores hablan de modelo vertical y horizontal, pero, dentro de este último, diferencia entre modelo horizontal estructural de enseñanza centrada en el juego y modelo horizontal comprensivo de enseñanza centrada en el juego (tabla 43).

MODELOS DE ENSEÑANZA ALTERNATIVOS O TÁCTICOS
MODELO VERTICAL DE ENSEÑANZA CENTRADA EN EL JUEGO
MODELO HORIZONTAL ESTRUCTURAL DE ENSEÑANZA CENTRADA EN EL JUEGO
MODELO HORIZONTAL COMPRENSIVO DE ENSEÑANZA CENTRADA EN EL JUEGO

Tabla 43. Modelos de enseñanza alternativos o tácticos (Devís y Sánchez, 1996).

El modelo vertical recogido por estos autores tiene las mismas características que el expresado por Contreras (1998) y señalan que aún dentro de un enfoque globalizador de la enseñanza y el entrenamiento, los elementos que configuran la progresión de enseñanza son los técnicos, ahora bien, como hemos dicho dentro de un acercamiento basado en el juego y en la comprensión del mismo. De este modo, parten de situaciones jugadas sencillas donde se adquieran las habilidades que estamos trabajando, y poco a poco se irá aumentando la complejidad de los juegos que se utilicen (García López, 2006).

Por su parte, los modelos horizontales, como ya reseñamos en la anterior clasificación parten de los elementos estructurales comunes a los diferentes tipos de deportes, en nuestro caso los colectivos, pero la diferencia radica en que bajo el modelo estructural se plantea la necesidad de un aprendizaje básico de las habilidades a utilizar en el juego, en lo que podríamos llamar una fase técnica, pero sin alejarse de su sentido táctico, para posteriormente centrarse con mayor dedicación en el aprendizaje táctico. Por su parte, el modelo comprensivo parte de una fase inicial exclusivamente táctica, donde se prioriza sobre la comprensión del juego para después comenzar con el desarrollo técnico dentro del juego.

Figura 9. Modelos alternativos de enseñanza deportiva.

En base a los planteamientos recogidos en los párrafos anteriores, los estilos de enseñanza que caracterizan los modelos alternativos son aquellos que permiten la implicación de los jugadores. Por tanto estamos hablando de estilos de enseñanza cognitivos, tales como el descubrimiento guiado y la resolución de problemas (Méndez Giménez, 2005; García López, 2006). Igualmente, y en base a los planteamientos de Bayer (1979), mediante estos modelos de enseñanza se ha de fomentar la atención a las características individuales de cada jugador, teniendo en cuenta, por tanto, los diferentes niveles de avance, aprendizaje y evolución. Es por ello, que al igual que los cognitivos, los estilos de enseñanza que fomentan la individualización han de caracterizar la intervención didáctica de los entrenadores que quieran trabajar bajo este enfoque metodológico. Por último, y debido al papel activo que ha de asumir el alumno en su proceso de enseñanza-aprendizaje, los estilos de enseñanza creativos también ocupan un lugar importante dentro de estos modelos de enseñanza deportiva, como podemos extraer de las afirmaciones de Wein (1995), Mombaerts (1996), Garganta y Pinto (1998), Greháigne (2001), o Garganta (2003a).

En lo referente a la estrategia en la práctica, según Águila y Casimiro (2000), Aguado, Castejón y De la Calle (2002), Soares y Santana (2005) y Castejón (2005), y de acuerdo con las ya citadas teoría piagetianas de aprendizaje, que indican que la manera de aprendizaje parte de lo general a lo específico, de lo global a lo particular, la estrategia que ha de caracterizar los procesos de enseñanza-aprendizaje bajo la metodología alternativa o táctica, ha de ser la global o, en su caso, global polarizada. Asimismo, se prevé o indica la utilización de una estrategia analítica como recurso ante dificultades de aprendizaje y siempre tras un contacto global con el juego y con los contenidos o habilidades a aprender.

En base a lo anterior, el modelo de entrenador ha de tener unos conocimientos específicos sobre los procesos de enseñanza-aprendizaje, una ajustada formación didáctica y un conocimiento exhaustivo sobre la manera de aprender y proceder de los alumnos en edad de iniciación. En base a esto, y en función de las características de los modelos de entrenador expresados por Romero y Vegas (2002), los más propios de estos enfoques metodológicos serán el constructivo y sociocrítico.

En última instancia, las situaciones de enseñanza que se utilicen se caracterizaran, según Jiménez (2000:39) por los siguientes aspectos (tabla 44):

SITUACIONES DE ENSEÑANZA TÍPICAS DE LOS MODELOS COMPRENSIVOS DE ENSEÑANZA DEPORTIVA	
MODELO VERTICAL DE ENSEÑANZA CENTRADA EN EL JUEGO	Contextualizadas con una integración progresiva de los elementos estructurales que caracterizan a la modalidad deportiva de referencia. Se toman inicialmente como referencia para seleccionar los juegos y las acciones técnicas que se emplean en esa modalidad deportiva.
MODELO HORIZONTAL ESTRUCTURAL DE ENSEÑANZA CENTRADA EN EL JUEGO	Contextualizadas estructuralmente y tomando como referencia para su diseño o selección los principios generales del juego, comportamiento estratégicos, individuales, grupales y colectivos a desarrollar. Para la organización y el desarrollo de los contenidos se toman como referencia los roles estratégicos que asumen los participantes y los tipos de comunicación que se dan entre estos.
MODELO HORIZONTAL COMPRENSIVO DE ENSEÑANZA CENTRADA EN EL JUEGO	Contextualizadas y tomando como referencia para su diseño o selección los problemas estratégicos que plantean a los jugadores. Se considera muy importante promover reflexiones en la práctica sobre la adecuación de los medios que se estén empleando con los objetivos que se quieren conseguir de manera que se consiga una acción de juego consciente e intelectual que de respuestas al problema estratégico planteado.

Tabla 44. Situaciones de enseñanza propias de los modelos comprensivos de la enseñanza deportiva. (Jiménez, 2000:39).

En última instancia, recogemos en la siguiente tabla los aspectos más destacados o característicos de los modelos que nos han ocupado en este apartado.

MODELOS ALTERNATIVOS O TÁCTICOS DE ENSEÑANZA DEPORTIVA	
ESTILOS DE ENSEÑAZA	DESCUBRIMIENTO GUIADO RESOLUCIÓN DE PROBLEMAS INDIVIDUALIZADORES CREATIVOS.
ESTRATEGIA EN LA PRÁCTICA	GLOBAL Y GLOBAL POLARIZADA
TÉCNICA DE ENSEÑANZA	MEDIANTE LA BÚSQUEDA
MODELOS DE ENTRENADOR	INTERPRETATIVO SOCIOCRÍTICO
ÁMBITO DE ACTUACIÓN	EDUCATIVO FORMATIVO RECREATIVO
PAPEL DEL JUGADOR	ACTIVO CAPACIDAD PARA GENERAR Y CONTROLAR SUS PROPIOS CONOCIMEINTOS
ESTRATEGIAS METODOLÓGICAS	IMPLICACIÓN DEL ALUMNO Y DARLE PROTAGONISMO INTERESES DE LOS ALUMNOS INDIVIDUALIZACIÓN

Tabla 45. Características básicas del modelo de enseñaza deportiva alternativo o táctico.

a. Modelo Constructivo de la Enseñanza Deportiva

Este modelo puede ser entendido como un avance realizado de los modelos alternativos o tácticos, pero donde se pretende que el papel del alumno sea más activo aún que los anteriores, y de la capacidad para organizar sus conocimiento y aprendizajes citada por Jiménez (2000), se pase a la capacidad de construir su propio aprendizaje.

Son Contreras, De la Torre y Velázquez (2001) los autores que argumentan este modelo de enseñanza y los definen como *un enfoque didáctico de la enseñanza deportiva caracterizado por pretender la participación activa del alumnado en la realización de aprendizajes significativos y funcionales* (Ibídem, 2001:164). Asimismo, y en base a los planteamientos de estos autores, se ha de buscar aún con más hincapié la adaptación de la complejidad y dificultad de los juegos utilizados para la consecución de los objetivos y el desarrollo de los contenidos y habilidades planteadas, no apoyándonos sólo en la utilización de juegos modificados, sino a través de todo *tipo de juegos y actividades que contengan elementos característicos de las prácticas deportivas estandarizadas que se pretenden enseñar (...). El enfoque constructivista de iniciación deportiva parte de la necesidad e importancia de que el alumno o alumna comprenda, en términos generales, la naturaleza, las características y los objetivos de la actividad deportiva en la que va a ser iniciado y, en términos particulares, el significado y sentido de los aprendizajes que debe realizar en cada momento a través de las diversas actividades que se le propongan para ello* (Ibídem, 2001:165).

Al igual que ocurría dentro de los modelos alternativos, comprensivos o tácticos de la enseñanza deportiva, en este caso, el modelo constructivista también puede plantearse desde un punto de vista vertical y horizontal, siendo las diferencias entre uno y otro las mismas que las planteadas entre esos dos enfoques en el apartado anterior. Esto es, mediante al modelo vertical se persigue la iniciación deportiva a una sola especialidad y, por medio del modelo horizontal se promueve una iniciación, que podríamos llamar multideportiva, y que se haga en función de las características estructurales, técnico-tácticas y estratégicas a modalidades deportivas similares, tales como los deportes colectivos.

En lo referente a la intervención didáctica, tanto lo estilos de enseñanza, la técnica de enseñanza, así como la estrategia en la práctica son similares a los modelos comprensivos de la enseñanza deportiva, enfatizando, como hemos dicho anteriormente en la capacidad del sujeto para construir sus propios aprendizajes.

Dentro del abanico de los modelos de entrenador referidos por Romero y Vegas (2002), podemos encuadrar en el modelo constructivista de enseñanza deportiva el técnico constructivista, evidentemente, así como el sociocrítico, ambos con más cabida dentro de este enfoque que en los anteriormente nombrados.

En última instancia, y apoyándonos nuevamente en las aportaciones de Jiménez (2000), las situaciones de enseñanza que se buscan, además de lo nombrado anteriormente, en referencia todo tipo de actividades y juegos adaptados a las características de los alumnos y que lo pongan en contacto en algún modo con la práctica estandarizada del deporte o modalidad deportiva elegida, éstas han de *estar dotadas de significado y sentido, y en su realización debe asegurarse la implicación activa de los alumnos y alumnas para llevar a cabo el aprendizaje de los nuevos conocimientos o el desarrollo de las capacidades* (Ibídem, 2000:39).

b. Modelo Integrado de enseñanza técnico-táctica.

Este modelo se encuentra dentro de los enfoques comprensivos de la enseñanza deportiva y, parte de una posición intermedia entre aquellos modelos que defienden el comienzo de la enseñanza deportiva por la táctica, y aquellos otros que hacen lo propio desde los fundamentos técnicos (López Ros y Castejón, 2005).

El fundamento de este modelo se encuentra, primordialmente, en los resultados encontrados por investigaciones en que se compara la idoneidad de la enseñanza que comience por la técnica y la de la enseñanza que comience por la táctica. Dichos resultados son, cuando menos, poco clarificadores en muchos aspectos, dejando lugar a grandes dudas en muchos de ellos. Dicha idoneidad vendrá condicionada por diversos aspectos, tales como características de los alumnos, teorías implícitas del entrenador, contexto donde se ubique el trabajo a desarrollar, etc. (Romero, 1995, 2000; Lyon, 2001; Torres, 2002; Farrow y Hewitt, 2002; Morcillo, 2003).

El trabajo en base a este modelo consiste en la superposición, o mejor dicho, conjunción de fases de enseñanza en que se vayan trabajando aspectos técnicos, por un lado, y aspectos tácticos, por otro, siempre con la presencia de pocos elementos del otro componente, y una fase superior en que se vayan conjugando los aprendizajes de ambas facetas del juego.

La enseñanza parte de una etapa en la que se fundamenta la motricidad a través del trabajo de habilidad y destrezas básicas.

Las etapas o fases de este modelo son concretadas por López Ros y Castejón (2005), y las mostramos en la tabla 46.

MODELO INTEGRADO DE ENSEÑANZA TÉCNICO-TÁCTICA	
1º Fase	**Habilidades y Destrezas Básicas**
	Destaca la visión evolutiva que los autores pretenden darle a las habilidades motrices, recalcando la inexistencia de un momento adecuado estándar para el abandono de un tipo de habilidades y el salto al eslabón siguiente. En este sentido destacan la importancia de la práctica en la adquisición y perfeccionamiento de las mismas, en la línea de trabajos como los de Ericsson, Krampe Y Tesch-Römmer (1993) o Helsen, Starkes y Hodges (1998), al señalar que dicha práctica, y la implicación de los aprendices en la misma determinará, en gran medida, las prestaciones que se alcancen, siendo estos aspectos más importantes, en muchas ocasiones, que los genéticos. Igualmente los autores, hablan de la importancia de un bagaje motor amplio y de la necesidad de fundamentar el trabajo en fases posteriores sobre una base sólida de habilidades y destrezas básicas, que, ganando en complejidad, permitan la adquisición y desarrollo de las genéricas y específicas.
2º Fase	**Integración de las habilidades técnico-tácticas**
	En contraposición tanto de los presupuestos de los modelos técnicos, como de los alternativos o tácticos, bajo el modelo de enseñanza integrada, lo que se plantea es que no se ha de empezar por la técnica, en detrimento de la táctica, o viceversa, sino que existe la posibilidad de comenzar paralelamente por la enseñanza de ambos aspectos, puesto que los dos están presentes en el juego de forma simultánea. Esta fase sucederá a la anterior en el momento en que los jugadores dispongan de un repertorio motriz adecuado. Las razones que se argumentan para la enseñanza simultánea de la técnica y de la táctica son: - Ambos aspectos aparecen conjuntamente en el juego. - No parece lógica la enseñanza de unos gestos técnicos fuera del contexto real y carente de significado para el alumno. - No se puede separar el éxito técnico del táctico, pues una solución técnica adecuada pierde valor si no se ha tomado bajo las circunstancias tácticas del juego, y viceversa, una intención táctica adecuada no nos lleva a buen puerto si la ejecución técnica no es correcta. Por último, las situaciones de enseñanza-aprendizaje no habrán de alternar la técnica en unas y la táctica en otras, sino que habrían de construirse de manera que en las mismas se preste atención a ambos aspectos, es decir que haya un desempeño técnico y que éste sea coherente con la decisión táctica tomada en función de los condicionantes a que esté sometido el jugador.
3ª Fase	**Situaciones de juego similares al deporte definitivo**
	Por último, se incluye una fase donde las situaciones de enseñanza-aprendizaje con situaciones reales de juego deportivo. Esta fase se diferencia de la anterior en la presencia de la competición en dichas situaciones de juego, siendo el técnico el que habrá de manipular los factores estructurales del juego para responder a los objetivos y desarrollar los contenidos que pretenda. Es la fase en que se pretende que el jugador ponga en práctica lo aprendido en las anteriores y tome mayor conciencia sobre su actuación, promoviendo la reflexión en base a la misma y la búsqueda de mejora en base a su implicación.

Tabla 46. Modelo Integrado de enseñanza técnico-táctica. Extraído de López Ros y Castejón (2005)

En última instancia, nos parece muy interesante la revisión que realizan Ros y Castejón (2005) sobre investigaciones que hayan intentado comprobar los efectos de la utilización de este modelo integrado en la enseñanza de los deportes. Las conclusiones en torno a ellas tampoco dejan ver grandes diferencias entre las enseñanza bajo modelos técnicos, tácticos o integrados, si bien hablan del inconveniente de que la mayoría de estas investigaciones han sido llevadas a cabo en cortos períodos de tiempo, con lo cual sería recomendable aplicarlos en etapas más largas, con el fin de obtener más datos, y más fiables, acerca de los efectos de utilización de los diferentes modelos de enseñanza deportiva.

BIBLIOGRAFÍA

- AGUADO, R., CASTEJÓN, F.J. y DE LA CALLE, M. (2002). *La enseñanza del deporte con diferentes estrategias de enseñanza: técnica, táctica y técnico-táctica*. Revista de Educación Física: renovar la teoría y la práctica, 86. 27-33.
- ÁGUILA, C. Y CASIMIRO, A. (1999). Cuestiones metodológicas sobre la iniciación a los deportes colectivos en el medio escolar. En F.J. Ruiz, A.J. Casimiro y C. Águila (coord.). Los deportes colectivos tradicionales en el medio escolar: nuevas tendencias metodológicas. Almería: Universidad de Almería.
- ÁGUILA, C. y CASIMIRO, A. (2000). *Consideraciones metodológicas para la enseñanza de los deportes colectivos en edad escolar*. Efdeportes, revista digital. año 5. Nº 20. Buenos Aires. Argentina.
- ÁGUILA, C. y CASIMIRO, A. (2001). Tratamiento metodológico de la iniciación a los deportes colectivos en edad escolar. En F., Ruiz, A. García y A. Casimiro (coord.). La iniciación deportiva basada en los deportes colectivos. Nuevas tendencias metodológicas. Pp. 31-47. Madrid: Gymnos.
- ALEMÁN, P. Y COLS. (1996). Una aproximación psicosocial a la transmisión de valores a través de la actividad física y el deporte. En Actas III Congreso Nacional de Educación Física y de Facultades de Ciencias de la Educación. Pp. 517-526. Universidad de Alcalá. Guadalajara.
- ALFERMANN, D., LEE, M.J. y WÜRTH, S. (2005). *Perceived Leadership Behavior and Motivational Climate as Antecedents of Adolescent Athletes' Skill Development*. Athletics Insight. The online journal of sport psychology. Vol. 7, nº 2.
- ALTHUSSER, L. (1968). *La revolución teórica de Marx*. México: Siglo XXI.
- ALVES, J.; ARÁUJO, D. (1996). *Processamento de informaçao e tomada de decisao no desporto*. En J.F. Cruz (Ed.) Manual de Psicología do desporto. Pp. 361-388. Braga – Portugal.
- AMADOR, F. (1995). La enseñanza de los deportes de lucha. En D. BLÁZQUEZ (dir.). La iniciación deportiva y el deporte escolar. Pp. 351-368. Barcelona: INDE.
- AMES, C. (1984). Competitive, co-operative, and individualistic goal structures: A motivational analysis. En R. Ames y C. Ames (Eds.), Researches on motivation in education: student motivation. Acedemic Press. Nueva York. p.177-207.
- AMOROSE, A. J. Y HORN, T. S. (2000). Intrinsic motivation: Relationships with collegiate athletes gender, scholarship status and perceptions of their coaches' behavior. *Journal of Sport & Exercise Psychology, 22*, 63-84.
- ANTÓN, J. L. y cols. (2000). Balonmano. Alternativas y factores para la mejora del aprendizaje. Madrid: Gymnos.
- ARDÁ, A. (1998). Análisis de los patrones de juego en fútbol 7. Estudio de las acciones ofensivas. tesis doctoral. Universidad de A Coruña.
- ARDÁ, A. Y CASAL, C. (2003). *Metodología de la Enseñanza del Fútbol*. Barcelona: Paidotribo.
- ARRÁEZ, J.M. y ROMERO, C. (2000). La didáctica de la Educación Física. EN L. RICO Y D. MADRID. *Fundamentos didácticos de las áreas curriculares*. (pp. 99-151). Madrid: Síntesis.
- ASENSIO, J.M. (2004). *Una educación para el diálogo*. Paidós Ibérica: Barcelona.
- AUSUBEL, D. (1983). El desarrollo infantil. Barcelona: Paidós.
- AUSUBEL, D. (1987). Psicología educativa. Un punto de vista cognsocitivo. México: Trillas.

- AUSUBEL, D. (2002). Adquisición y retención del conocimiento: una perspectiva cognitiva. Barcelona: Paidós.
- BANDURA, A. (1986). *Social foundations of thought and action*. Nueva York: Prentice Hall
- BANDURA, A. (1997). Self-efficacy: the exercise of control. W.H. Freeman: Nueva York.
- BATTISTA, R.A., CUMMING,S.P. y MALINA, R.M. (2003). *Body size and estimated maturity status of youth soccer players of both sexes*. Medicine and Science in Sports and Excersice. 35 (5).
- BAUER, G. (1998). Fútbol. Entrenamiento de la técnica, la táctica y la condición física. Barcelona. Hispano-Europea.
- BAYER, C. (1979). La enseñanza de los juegos deportivos colectivos. Barcelona: Hispano Europea.
- BENEDEK, E. (2001). *Fútbol Infantil*. Barcelona: Paidotribo.
- BINI, B., LEROUX, P. y COCHIN, G. (1995). *Fútbol para los más pequeños*. Barcelona: Hispano Europea.
- BLÁZQUEZ, D. (1986). *Iniciación a los deportes de equipo*. Barcelona: Martínez Roca.
- BLÁZQUEZ, D. (coord) (1995) *La iniciación deportiva y el deporte escolar*. Barcelona: INDE.
- BLÁZQUEZ, D. (1999). Métodos de Enseñanza de la práctica deportiva. En D. BLÁZQUEZ (coord) (1995) La iniciación deportiva y el deporte escolar. Barcelona: INDE.
- BLÁZQUEZ, D. y HERNÁNDEZ MORENO, J. (1983). *Casificación o taxonomías deportivas*. Barcelona: INEF.
- BLOOM, B.S. (1985). *Developing talent in young*. Nueva York: Ballantine.
- BOMPA, T. (1998). Training guidelines for young athletes in total training for young champions. Champaign, IL.: Human Kinetics.
- BREWER, W.F. (1974). There is no convincing evidence for operant or classical conditioning in adult human. En W.B. Weimer y D.S. Palermo (Eds.). Cognition and the symbolic processes. Hillsdale, New Jersey: Erlbaum.
- BREWSTER, E.T. y BREWSTER, E.S. (1976). Language acquisition made practical: field methods for language learners. Colorado Springs: Lingua House.
- BRÜGGEMANN, D. (2004). *Fútbol. Entrenamiento para niños y jóvenes*. Barcelona: Paidotribo.
- BRÜGGEMANN, D. Y ALBRECHT, D. (1996). Entrenamiento moderno del fútbol. Aprendizaje y entrenamiento a través de los juegos. Técnica, táctica y preparación física. Planificación del entrenameinto. Barcelona: Hispano-Europea.
- BRUNER, J. (1961) The act of discovery. En Harvard Educational Review, 31 (1). 21-32.
- BUNKER, D.J. y THORPE, R.D.(1983). *A model for teaching of games in secondary scholls*. Bulletin of Physical Education, 19 (1), pp. 5-8.
- BUNKER, D. Y THORPE R.D. (1986). The Curriculum Model. En R. Thorpe, D. Bunker y L. Almond (Eds), *Rethinking Games Teaching* (pp. 7-10). Loughborough: Loughborough University.
- CALVO Y COLS., 2000. Estudio de la relación entre el clima social motivacional percibido en los entrenamientos, la orientación motivacional y la diversión en jugadoras de voleibol. En J.P. FUENTES y M. MACÍAS. Actas del I Congreso de la Asociación Española de Ciencias del Deporte. Pp. 379-387. Cáceres: Universidad de Extremadura.
- CARREIRO DA COSTA, F. (1999) *Tendencias de la investigación sobre la didáctica de la Educación Física*. ÉLIDE. Revista Anaya de Didáctica de la Educación Física, 1, 6.

- CARROL, W.R. y BANDURA, A. (1982). The role of visual monitoring in observational learning of action patterns: making the unobservable observable. Journal of Motor Behaviour, 14: 153-167.
- CARLSON, R. (1993). *The path to the national levels in sport Sweden*. Scandinavian Journal of Medicine and Science in Sports, 3. 170-177.
- CARLSON, R. (1988). The socialization of elite tennis players in Swedn. An analysis of the players´ background and development. Society of Sports Journal, 5. 241-256.
- CASTEJÓN, F.J. (1994). *La enseñanza del deporte en la educación obligatoria: enfoque metodológico*. Revista Complutense de Educación. Núm. 5. Vol. 2. 137-151.
- CASTEJÓN, F.J. (1995). Fundamentos de iniciación deportiva y actividades físicas organizadas. Madrid: Dykinson.
- CASTEJÓN, F.J. (2002). Consideraciones metodológicas para la enseñanza y el aprendizaje del deporte escolar. Tándem: Didáctica de la Educacion Física, 7. pp.42-55.
- CASTEJÓN, F.J. (2004). La utilización del modelo integrado en la iniciación deportiva: limitaciones desde la atención y la memoria. Revista complutense de educación, 1 (15), pp.203-230.
- CASTEJÓN, F.J. (2005). *Una aproximación a la utilización del deporte. El proceso de enseñanza-aprendizaje*. Efdeportes, revista digital. año 10. Nº 80. Buenos Aires. Argentina.
- CASTEJÓN, F.J. y COLS. (1997). Una reflexión sobre la iniciación deportiva con exigencia táctica, exigencia técnica o exigencia táctica-técnica. En Actas del III Congreso de Educación Física. Lleida.
- CASTEJÓN, F.J. y COLS. (2003). Concepción de la enseñanza comprensiva en el deporte: modelos, tendencias y propuestas. Cuadernos Técnicos, 26. p. 71-83.
- CASTEJÓN, F.J. Y LÓPEZ, V. (1997). *Iniciación Deportiva*. En F.J. CASTEJÓN (coord.). *Manual del Maestro especialista en Educación Física*. Madrid: Pila Teleña.
- CASTELLANO, J. (2002). *Observación y análisis de la acción de juego en fútbol*. Tesis Doctoral. Universidad de del País Vasco.
- CASTELO, J.F. (1996). *Futebol. A organizaçâo do jogo*. Lisboa: Ediçâo do autor.
- CASTELO, J.F. (1999). *Fútbol. Estructura y dinámica del juego*. Barcelona: INDE.
- CEI, A. (1996). La motivación en la práctica deportiva de atletas jóvenes. En ·E. PÉREZ Y J.C. CARCUAL (edit.)., Actas del IV congreso nacional y del IV congreso andaluza de Psicología del Deporte. Málaga: Instituto Andaluz del Deporte. 19-29.
- CHELLADURAI, P. (1984). Discrepancy between preferences and perceptions of leadership behavior and satisfaction of athletes in varying sports. Journal of Sport Psychology, 6, 27.
- COCA, S. (2002). El fútbol como proceso educativo. En Training Fútbol. Nº 73. Valladolid. España. 36-44.
- COLEMAN, D. (1997). *Inteligencia Emocional*. Barcelona: Kairós.
- CONNOLY, K. (1970). *Mechanism of motor skill development*. Londres: Academic Press.
- CONTRERAS, O. (1998). "Didáctica de la Educación Física. Un enfoque constructivista". Barcelona: INDE.
- CONTRERAS, O., DE LA TORRE, E., VELÁZQUEZ, R. (2001). *Iniciación Deportiva*. Colección fundamentos del deporte, nº 1. Madrid: Síntesis.
- COSTA, J.C., GARGANTA, J., FONSECA, A.M., BOTELHO, M. (2004). *Intelegência, conhecimiento específico e estatuto posicional de jovens futebolistas de diferentes níveis competitivos*. En J. Oliveira (ed.) Estudos CDJD, 4 – 7-14. Oporto: Univerdidad de Oporto.

- CÔTÉ, J. (1999). The influence of the family in the development of talent sport. The sport psychologist, 13. p. 395-417.
- CÔTÉ, J., BAKER, J. y ABERNETHY, B. (2003). From play to practice. A development framework for acquisition of expertise in team sports. En J.L. Starkes and K.A. Ericsson (eds.). Expert Performance in Sports. Advanced in research on sport expertise. Champaign, IL.: Human Kinetics.
- CUNHA, P. (1995). O lugar do corpo. Elementos para uma cartografia fractal. Tesis Doctoral. FCDEF-UP.
- DAVIDS, K., LEES, A. y BURWITZ, L. (2000). Understanding and measuring coordination and control in kicking in soccer: implications for talent identification and skill acquisition. Journal of Sport Sciences, 18:703-714.
- DE LA VEGA, R. (2002). Desarrollo del metaconocimiento táctico y comprensión del juego: un enfoque constructivista aplicado al fútbol. Tesis Doctoral. Universidad Autónoma de Madrid.
- DECI, E.L. y RYAN, R.M. (1985). Intrinsic motivation and self determination in human behavior. Nueva York: Plenum Press.
- DELGADO NOGUERA, M.A. (1991). Los estilos de enseñanza en la Educación Física. Propuesta para una reforma de la enseñanza. Granada: I.C.E. de la Universidad de Granada.
- DELGADO NOGUERA, M.A. (1991a). Hacia una clarificación conceptual de los términos didácticos de la Educación Física y el deporte. Revista de Educación Física. Renovación de Teoría y Práctica, 40.
- DELGADO NOGUERA, M.A. (1993). Los métodos didácticos en Educación Física. En VV.AA. Fundamentos de Educación Física para enseñanza primaria. Vol. II. Barcelona: INDE.
- DEVÍS, J. (1990a). Renovación pedagógica en la Educación Física: hacia dos alternativas de acción (I). Perspectivas de la actividad física y el deporte, 4, 5-7.
- DEVÍS, J. (1990b). Renovación pedagógica en la Educación Física: hacia dos alternativas de acción (II). Perspectivas de la actividad física y el deporte, 5, 13-16.
- DEVÍS, J. (1995). Deporte, Educación y sociedad: hacia un deporte escolar diferente, Revista de Educación, nº 306 (Enero-Abril), 455-472.
- DEVÍS, J. (1996). Educación Física, deporte y curriculum. Madrid: Visor.
- DEVÍS, J y PEIRÓ, C. (1992). Bases para una propuesta de cambio en la enseñanza de los juegos deportivos. En Devís, J. y Peiró, C. Nuevas propuestas curriculares en Educación Física: la salud y los juegos modificados. Barcelona: INDE.
- DEVÍS, J. y SÁNCHEZ GÓMEZ, R. (1996). La enseñanza alternativa de los juegos deportivos: antecedente, modelos actuales de iniciación y reflexiones finales. En J.A. Moreno y P.L. Rodríguez (coord). Aprendizaje deportivo. Murcia: Universidad de Murcia. pp. 159-181.
- DÍAZ GARCÍA, J. (1992). *La dirección de equipo*. En AAVV. *Voleibol*. Madrid: Comité Olímpico Español.
- DIEM, C. (1979). *Historia de los deportes*. Barcelona: Luis de Caralt.
- DÖBLER, E. y DÖBLER, H. (1980). *Juegos Menores*. La Habana: Pueblo Nuevo.
- DOMÍNGUEZ, P. y ESPESO, E. (2002). *El conocimiento metacognitivo y su influencia en el aprendizaje motor*. Rediris – Revista Internacional de Medicina y Ciencias de la Actividad Física y el Deporte, nº 4.
- DUDA, J.L. y HALL, H. (2001). *Achievement goal theory in sport: Recent extensions and future directions*. En R.N. Singer, H.A. Hausenblas y C.M. Janelle (Eds.). *Handbook of sport psychology*. Pp. 417-223. Nueva York: Willey.
- DUGRAND, M. (1989). Football, de la transparence à la complexité. P.U.F. Paris.

- DUNNING, E. (1992). La dinámica del deporte moderno. Notas sobre la búsqueda de triunfos y la importancia social del deporte. En N. Elas y E. Dunning (1992). Deporte y ocio en el proceso de civilazción. Pp.31-82. Madrid: Fondo de Cultura Económica.
- DURÁN, C. Y LASIERRA, G. (1987). *Estudio experimental sobre didáctica aplicada a la iniciación de los deportes colectivos.* Revista de investigación y documentación sobre las ciencias de la Educación Física y del deporte, 7, 91-128.
- DURAND, G. (1976). *El adolescente y los deportes.* Barcelona: Planeta.
- ERICSSON, K.A. y CHARNESS, N. (1995). *Expert performance: Its structure and acquisition.* American Psychologist, 50 (9), 803-804.
- ERICSSON, K.A., KRAMPE, R. Y TESCH-ROMER, C. (1993). *The role of deliberate practice in the acquisition of expert performance.* Psychological Review, 3, 100. p. 363-406.
- ERICSSON, K.A. Y LEHMANN, A.C. (1996). Expert and exceptional performance evidence on maximal adaptations on task constraints. Annual Reviews of Psychology, 47. 273-305.
- FAMOSE, J.P. (1999). *Cognición y rendimiento motor.* Barcelona: INDE.
- FARROW, D. Y HEWIT, A. (2002). Sports science support for the Australian Institute of Sport Football Programme. Insight 4, Vol.5, 49-50.
- FERNÁNDEZ DE LA VEGA, J. y BADÁS, M. (1996). Cómo pueden ayudar los padres a sus hijos en el fútbol. El Entrenador Español de Fútbol, n° 70. pp.59-62.
- FILIN, V.P. (1996). *Desporto juvenil: teoria e metologia.* Londrina. Portugal: Centro de Informação Desportiva.
- FRAILE, A. (1996). Metodología de la enseñanza y del entrenamiento aplicado al fútbol. Curso nivel 1. Técnico deportivo elemental. Instructor de fútbol base. Madrid: Real Federación Española de Fútbol.
- FRANKL, D. (2006). *Coaching Philosophy.* En Kids Firts Soccer (www.kidsfirstsoccer.com).
- FUSTÉ, X. (2001). Juegos de iniciación a los deportes colectivos. Barcelona: Paidotribo.
- GALLAGHER, J.D. y THOMAS, J.R. (1986). Developmental effects of grouping and recording on learning a movement series. Exercise Sport, 57:117-127.
- GALLEGO, J. Y SALVADOR, F. (2002) *El diseño didáctico: objetivos y fines.* en Medina, A. y Salvador, F. (coord.) (2002). *Didáctica General.* Madrid: Prentice Hall. Colección Didáctica.
- GARCÍA BARRERO, J. y LLAMES LAVANDERA, R. (1992). *La motivación deportiva. Principios generales y aplicaciones.* El Entrenador Español de Fútbol, 52. 43-46.
- GARCÍA BENGOECHEA, E. (1997). *Relaciones entrenadores-deportistas y motivación en el deporte infantil y juvenil.* Apunts: Educación Física y Deportes. 48. pp. 104-108.
- GARCÍA HERRERO, J.A. (2001). Adquisición de la competencia para el deporte en la infancia: papel del conocimiento y la comprensión en la toma de decisiones en balonmano. Tesis Doctoral. Universidad de Extremadura.
- GARCÍA LÓPEZ, L.M. (2006). *El enfoque de enseñanza del modelo horizontal estructural en la iniciación deportiva.* Visto en world wide web (www.uclm.es/PROFESORADO/RICARDO/Docencia_e_Investigacion/LuisMiguel.....).
- GARCÍA EIORÁ, J. (2000). *Deportes de equipo.* Barcelona: INDE.
- GARDNER, H. (1983). Frames of mind: the theory od multiple intelligences. Nueva York: Basics Book.
- GARDNER, H. (1995). *Expert performance: Its structure and acquisition.* American Psychologist, 50 (9), 802-803.

- GARGANTA, J. (1991). Pressupostos para uma prática transfeível nos jogos desportivos colectivos estruturalmente smelhantes. Relatório apresentado ás Provas de Aptidâo Pedagógica. Porto: FCDEF-UP.
- GARGANTA, J. (1995). *Modelaçâo da dimensâo do jogo de futebol*. Comunicación presentada en el IV Congresso de Educaçâo Física e Ciências do Desporto. Universidade de Coimbra.
- GARGANTA, J. (1996a). *A análise do jogo em futebol percurso evolutivo e tendências*. Conferencia presentada en las II Jornadas do Centro de Estudos dos Jogos Desportivos. Porto: FCDEF-UP.
- GARGANTA, J. (1996b). Modelaçâo da dimensâo táctica do jogo de futebol. Estratégia e táctica nos jogos desportivos colectivos. 63-82. J. Oliveira y F. Tavares (Eds.). Porto: CEJD. FCDEF-UP.
- GARGANTA, J. (1997). *Modelaçao táctica do jogo de futebol. Estudo da organizaçao da fase ofensiva en equipas de alto rendimiento*. Disertación de Doctorado. Oporto: Facultade de Ciencias do Desporto e de Educaçao Física
- GARGANTA, J. (1998). *Para uma teoria dos jogos desportivos colectivos.* En Graça, A. y Olivera, J. (coord.). *O ensino dos jugos desportivos*. Pp. 11-26. Porto: Ed. Centro de Estudos dos Jugos Desportivos. FCDEF-UP.
- GARGANTA J. (2003). *Hacia una formación inteligente en el fútbol base. Para saber, saber ser y saber hacer*. Ponencia en el II Congreso Internacional de Fútbol Base. Cartagena. Inédito.
- GARGANTA, J. (2003a). La formación de los niños en el Fútbol Base. Entre la acción y la cognición. *III Jornadas Internacionales de Escuelas de Fútbol*. Málaga. (Inédito).
- GARGANTA, J. (2003b). La observación como procedimiento fundamental para la formación de competencias en el fútbol base. En *II Jornadas de la Universidad de la Rioja y la federación Riojana de fútbol*. (Inédito).
- GARGANTA, J. Y CUNHA, P. (2000). *O jogo de futebol: entre caos e a regra*. Revista Horizonte, 16 (91), 5
- GARGANTA, J. Y GRÉHAIGNE, J.F. (1999). *Abordagem sistémica do jogo de futebol: moda ou necessidade?*. Revista Movimento, Universidad Federal de Rio Grande du Sol: Brasil. año 5, 10. 40-50.
- GARGANTA, J. y OLIVEIRA, J. (1985). *Estratégia e táctica nos jogos desportivos colectivos*. Comunicación presentada en el IV Congreso de Educaçâo Física e Ciencias do Desporto. Universidade de Coimbra.
- GARGANTA, J. Y PINTO, J. (1998). *O Ensino do futebol*. En Graça, A. y Olivera, J. (coord.). *O ensino dos jugos desportivos*. Ed. Centro de Estudos dos Jugos Desportivos. Facultade de Ciencias do Desporto e de Educaçao Física. Universidad do Porto. Porto – Portugal.
- GARLAND, D. y BARRY, S.L. (1988). The effects of personality and perceived leadership behaviors on performance in collegiate football. Psychological Record, 38. pp. 237-247.
- GILAR, R. (2003). Adquisición de habilidades cognitivas. Factores en el desarrollo inicial de la competencia experta. Tesis Doctoral. Universidad de Alicante.
- GILL, D.L.; GROOS, J.B. Y HUDDLETON, S. (1983). *Participation motivation in youth sports*. International Journal of Sports Psychology,1. 1-14.
- GIMÉNEZ, F.J. (2000). La Formación del Entrenador de Iniciación al Baloncesto en Andalucía. Tesis Doctoral. Universidad de Huelva.
- GIMÉNEZ, F.J. (2001a). *El entrenador en la iniciación al fútbol*. En Training Fútbol. Nº 67. Valladolid. España. 38-45.

- GIMÉNEZ, F.J. (2001b). *Iniciación deportiva*. En Giménez, F.J. y Díaz, M. (2001). *Diccionario de Educación Física en Primaria*. Ed. Universidad de Huelva. Huelva. España. 153-185.
- GIMÉNEZ, F.J. y CASTILLO, E. (2001). *La enseñanza del deporte durante la fase de iniciación deportiva*. Efdeportes, revista digital. año 6. N° 31. Buenos Aires. Argentina.
- GIMÉNEZ, F.J., SÁENZ-LÓPEZ, P., IBAÑEZ, S. (1999). *Técnica, táctica, estrategia e iniciación deportiva*. En Ludens, vol. 16, n° 3. p. 53-59.
- GONZÁLEZ VALEIRO, M. (2001). El comportamiento de los alumnos en las clases de Educación Física: procesos motores y su influencia en el aprendizaje. En B. VÁZQUEZ (coord.). Bases Educativas de la Actividad Física y el Deporte. Madrid: Síntesis. pp. 121-136
- GONZÁLEZ, G., TABERNERO, B. y MÁRQUEZ, S. (2005). *Iniciación deportiva: ¿cuándo iniciarse a un deporte y por qué?*. En Entrenamientos Deportivos y Físicos – Revista Digital (entrenamientos.org).
- GRAÇA, A. Y OLIVERA, J. (1998). *O ensino dos jugos desportivos*. Ed. Centro de Estudos dos Jugos Desportivos. Porto: Facultade de Ciencias do Desporto e de Educaçao Física. Universidad do Porto.
- GRÉHAIGNE, JF. (2001). *La organización del juego en fútbol*. Barcelona: INDE.
- GROSSER, M. y NEUMAIER, A. (1986). *Técnicas de entrenamiento*. Barcelona: Martínez Roca.
- GRUPO PRAXIOLÓGICO DE LLEIDA (1993). Hacia la construcción de una disciplina praxilógica que acoja y estudie la diversidad de prácticas corporales y deportivas existentes. Apunts: Educación Física y Deportes. 32, 19-26.
- HATZIGEORGIADIS, A. y BIDDLE, S.J.H. (2002). Cognitive interference during competition among volleyball players with different goal orientation profiles. En Journal Sports Science, 20, p.707-715.
- HAYES, S. (2003). Worlwide review of Science and football research. Insight. Vol. 6., 4, 32-33.
- HEGEDUS, J. (1980). Teoría general y especial del entrenamiento deportivo. Buenos Aires: Stadium.
- HELSEN, W.F., HODGES, N.J., VAN WINCKEL, J., STARKES, J.L. (2000). *The roles of talent, physical precocity and practice in the development of soccer expertise*. Journal of Sport Sciences, 18:727-736.
- HELSEN, W.F., STARKES, J.L. (1999). *A multidimensional approach to skilled perception and performance in sport*. Applied CognitivePsychology, 13. pp.1-27.
- HELSEN, W.F., STARKES, J.L. y HODGES, N.J. (1998). *Team sports and the Theory of deliberate practice*. Journal of Sport and Exercise Psychology, 20. 12-34.
- HELSEN, W.F., VAN WINCKEL, J. y WILLIAMS, A.M. (2005). *The relative age effect in youth soccer across Europe*. Journal of Sports Sciences, 6, volumen, 23. 629-636.
- HERNÁNDEZ MENDO, A. y CASTELLANO, J. (2002). Aportaciones del análisis de coordenadas en la descripción de los contextos de interacción defensivos en fútbol. Kronos, 1. pp. 42-48.
- HERNÁNDEZ MENDO, A. y CASTELLANO, J. (2003). El análisis de coordenadas para la estimación de relaciones en la interacción motriz en fútbol. Psicothema, n° 15. vol.,4. pp. 569-574.
- HERNÁNDEZ MORENO, J. (1994). Fundamentos del deporte. Análisis de las estructuras de juego deportivo. Barcelona: INDE.
- HERNÁNDEZ MORENO, J. Y COLS. (2000). La iniciación los deportes desde su estructura y dinámica: aplicación a la educación física escolar y al entrenamiento deportivo. Barcelona: INDE.

- HOARE, D.G. y WARR, C.R. (2000). *Talent identification and women´s soccer: an Australian experience*. Journal of Sport Sciences, 18:751-758.
- HOLLEMBEAK, J. Y AMOROSE, A. J. (2005). Perceived coaching behaviors and college athletes' intrinsic motivation: A test of self: A test of self-determination theory. *Journal of Applied Sport Psychology, 17*, 20-36.
- HORN, R. (2001). Worl-wide review of Science and football research. Insight. Vol. 5., 4, 47-48.
- HORN, R. (2002). Worl-wide review of Science and football research. Insight. Vol. 4., 4, 20-22.
- HUIZINGA, J. (1998). *Homo Ludens*. Madrid: Alianza.
- IBAÑEZ, S. (1996). Análisis del proceso de formación del entrenador español de baloncesto. Tesis Doctoral. Universidad de Granada.
- IBAÑEZ, S. (1997). Variables que afectan al establecimiento de los modelos de entrenador de baloncesto. Habilidad Motriz, 10. p. 38. y ss.
- JIMÉNEZ, F. (2000). Estudio praxiológico de la estructura de las situaciones de enseñanza en los deportes de cooperación/oposición de espacio común y participación simultánea: balonmano y fútbol-sala. Tesis Doctoral. Universidad de las Palmas de Gran Canaria.
- JOHANSSON, L. (2001). Disertación en UEFA (2004). *Grassroots Football Newsletter, nº 1*. UEFA.
- KAROLCZAK, B. (1972). *Investigaciones sobre la relación deportista-deporte*. En novedades en Psicopedagogía. Madrid: INEF.
- KIRK, D. (1990). *Educación Física y curriculum*. Valencia: Universidad de Valencia.
- KNOP, P. y cols. (1998). *Clubes deportivos para niños y jóvenes*. Málaga: I.A.D.
- KOCH, W. (1998). *Diccionario de fútbol*. Barcelona: Paidotribo.
- KRAUSE, J. (1994). (Ed) *Coaching basketball*. Másters press. Indianápolis. USA.
- KUNZE, A. (1981). *Fussball*. Berlín: Sport Verlag.
- LACAN, J. (1981a). El seminario. Libro I. Los escritos técnicos de Freud. Barcelona: Paidós.
- LACAN, J. (1981b). *El seminario. Libro 20. Aún*. Barcelona: Paidós.
- LACAN, J. (1983). El seminario. Libro II. El yo en la teoría de freud y en la técnica psicoanalítica. Barcelona: Paidós.
- LACAN, J. (1984). El seminario. Libro III. Estructuras freudianas en la psicosis. Barcelona: Paidós.
- LACAN, J. (1986). El seminario. Libro 11. Los cuatro conceptos fundamentales del psicoanálisis. Barcelona: Paidós.
- LACAN, J. (1988). El seminario. Libro 7. La etapa del psicoanálisis. Barcelona: Paidós.
- LACAN, J. (1992). El seminario. Libro 17. El reverso del psicoanálisis. Barcelona: Paidós.
- LAGO, C. (2000). La acción motriz en los deportes de equipo de espacio común y partticipación simultánea. Tesis Doctoral Inédita. Universidad de la Coruña: A coruña.
- LAGO, C. y LÓPEZ GRAÑA, P. (2001). *Las capacidades coordinativas en los juegos deportivos colectivos. El balonmano*. Efdeportes, revista digital. año 6. Nº 30. Buenos Aires. Argentina.
- LAGO, C., MARTÍN, R. SEIRUL'LO, F. y ÁLVARO, J. (2006). La importancia de la dinámica del juego en la explicación del tiempo de posesión en el fútbol. Un análisis empírico del F.C. Barcelona. Red: Revista de entrenamiento deportivo, tomo 20, nº 1. pp. 5-12.

- GIMÉNEZ, F.J. (2001b). *Iniciación deportiva*. En Giménez, F.J. y Díaz, M. (2001). *Diccionario de Educación Física en Primaria*. Ed. Universidad de Huelva. Huelva. España. 153-185.
- GIMÉNEZ, F.J. y CASTILLO, E. (2001). *La enseñanza del deporte durante la fase de iniciación deportiva*. Efdeportes, revista digital. año 6. Nº 31. Buenos Aires. Argentina.
- GIMÉNEZ, F.J., SÁENZ-LÓPEZ, P., IBAÑEZ, S. (1999). *Técnica, táctica, estrategia e iniciación deportiva*. En Ludens, vol. 16, nº 3. p. 53-59.
- GONZÁLEZ VALEIRO, M. (2001). El comportamiento de los alumnos en las clases de Educación Física: procesos motores y su influencia en el aprendizaje. En B. VÁZQUEZ (coord.). Bases Educativas de la Actividad Física y el Deporte. Madrid: Síntesis. pp. 121-136
- GONZÁLEZ, G., TABERNERO, B. y MÁRQUEZ, S. (2005). *Iniciación deportiva: ¿cuándo iniciarse a un deporte y por qué?*. En Entrenamientos Deportivos y Físicos – Revista Digital (entrenamientos.org).
- GRAÇA, A. Y OLIVERA, J. (1998). *O ensino dos jugos desportivos*. Ed. Centro de Estudos dos Jugos Desportivos. Porto: Facultade de Ciencias do Desporto e de Educaçao Física. Universidad do Porto.
- GRÉHAIGNE, JF. (2001). *La organización del juego en fútbol*. Barcelona: INDE.
- GROSSER, M. y NEUMAIER, A. (1986). *Técnicas de entrenamiento*. Barcelona: Martínez Roca.
- GRUPO PRAXIOLÓGICO DE LLEIDA (1993). Hacia la construcción de una disciplina praxilógica que acoja y estudie la diversidad de prácticas corporales y deportivas existentes. Apunts: Educación Física y Deportes. 32, 19-26.
- HATZIGEORGIADIS, A. y BIDDLE, S.J.H. (2002). Cognitive interference during competition among volleyball players with different goal orientation profiles. En Journal Sports Science, 20, p.707-715.
- HAYES, S. (2003). Worlwide review of Science and football research. Insight. Vol. 6., 4, 32-33.
- HEGEDUS, J. (1980). Teoría general y especial del entrenamiento deportivo. Buenos Aires: Stadium.
- HELSEN, W.F., HODGES, N.J., VAN WINCKEL, J., STARKES, J.L. (2000). *The roles of talent, physical precocity and practice in the development of soccer expertise*. Journal of Sport Sciences, 18:727-736.
- HELSEN, W.F., STARKES, J.L. (1999). *A multidimensional approach to skilled perception and performance in sport*. Applied CognitivePsychology, 13. pp.1-27.
- HELSEN, W.F., STARKES, J.L. y HODGES, N.J. (1998). *Team sports and the Theory of deliberate practice*. Journal of Sport and Exercise Psychology, 20. 12-34.
- HELSEN, W.F., VAN WINCKEL, J. y WILLIAMS, A.M. (2005). *The relative age effect in youth soccer across Europe*. Journal of Sports Sciences, 6, volumen, 23. 629-636.
- HERNÁNDEZ MENDO, A. y CASTELLANO, J. (2002). Aportaciones del análisis de coordenadas en la descripción de los contextos de interacción defensivos en fútbol. Kronos, 1. pp. 42-48.
- HERNÁNDEZ MENDO, A. y CASTELLANO, J. (2003). El análisis de coordenadas para la estimación de relaciones en la interacción motriz en fútbol. Psicothema, nº 15. vol.,4. pp. 569-574.
- HERNÁNDEZ MORENO, J. (1994). Fundamentos del deporte. Análisis de las estructuras de juego deportivo. Barcelona: INDE.
- HERNÁNDEZ MORENO, J. Y COLS. (2000). La iniciación los deportes desde su estructura y dinámica: aplicación a la educación física escolar y al entrenamiento deportivo. Barcelona: INDE.

- HOARE, D.G. y WARR, C.R. (2000). *Talent identification and women´s soccer: an Australian experience*. Journal of Sport Sciences, 18:751-758.
- HOLLEMBEAK, J. Y AMOROSE, A. J. (2005). Perceived coaching behaviors and college athletes' intrinsic motivation: A test of self: A test of self-determination theory. *Journal of Applied Sport Psychology, 17*, 20-36.
- HORN, R. (2001). Worl-wide review of Science and football research. Insight. Vol. 5., 4, 47-48.
- HORN, R. (2002). Worl-wide review of Science and football research. Insight. Vol. 4., 4, 20-22.
- HUIZINGA, J. (1998). *Homo Ludens*. Madrid: Alianza.
- IBAÑEZ, S. (1996). Análisis del proceso de formación del entrenador español de baloncesto. Tesis Doctoral. Universidad de Granada.
- IBAÑEZ, S. (1997). Variables que afectan al establecimiento de los modelos de entrenador de baloncesto. Habilidad Motriz, 10. p. 38. y ss.
- JIMÉNEZ, F. (2000). Estudio praxiológico de la estructura de las situaciones de enseñanza en los deportes de cooperación/oposición de espacio común y participación simultánea: balonmano y fútbol-sala. Tesis Doctoral. Universidad de las Palmas de Gran Canaria.
- JOHANSSON, L. (2001). Disertación en UEFA (2004). *Grassroots Football Newsletter, nº 1*. UEFA.
- KAROLCZAK, B. (1972). *Investigaciones sobre la relación deportista-deporte.* En novedades en Psicopedagogía. Madrid: INEF.
- KIRK, D. (1990). *Educación Física y curriculum*. Valencia: Universidad de Valencia.
- KNOP, P. y cols. (1998). *Clubes deportivos para niños y jóvenes*. Málaga: I.A.D.
- KOCH, W. (1998). *Diccionario de fútbol*. Barcelona: Paidotribo.
- KRAUSE, J. (1994). (Ed) *Coaching basketball. Má*sters press. Indianápolis. USA.
- KUNZE, A. (1981). *Fussball*. Berlín: Sport Verlag.
- LACAN, J. (1981a). El seminario. Libro I. Los escritos técnicos de Freud. Barcelona: Paidós.
- LACAN, J. (1981b). *El seminario. Libro 20. Aún*. Barcelona: Paidós.
- LACAN, J. (1983). El seminario. Libro II. El yo en la teoría de freud y en la técnica psicoanalítica. Barcelona: Paidós.
- LACAN, J. (1984). El seminario. Libro III. Estructuras freudianas en la psicosis. Barcelona: Paidós.
- LACAN, J. (1986). El seminario. Libro 11. Los cuatro conceptos fundamentales del psicoanálisis. Barcelona: Paidós.
- LACAN, J. (1988). El seminario. Libro 7. La etapa del psicoanálisis. Barcelona: Paidós.
- LACAN, J. (1992). El seminario. Libro 17. El reverso del psicoanálisis. Barcelona: Paidós.
- LAGO, C. (2000). La acción motriz en los deportes de equipo de espacio común y partticipación simultánea. Tesis Doctoral Inédita. Universidad de la Coruña: A coruña.
- LAGO, C. y LÓPEZ GRAÑA, P. (2001). *Las capacidades coordinativas en los juegos deportivos colectivos. El balonmano*. Efdeportes, revista digital. año 6. Nº 30. Buenos Aires. Argentina.
- LAGO, C., MARTÍN, R. SEIRUL´LO, F. y ÁLVARO, J. (2006). La importancia de la dinámica del juego en la explicación del tiempo de posesión en el fútbol. Un análisis empírico del F.C. Barcelona. Red: Revista de entrenamiento deportivo, tomo 20, nº 1. pp. 5-12.

- LAPRESA, D., ARANA, J., CARAZO. J. Y PONCE, A. (1999). *Orientaciones educativas para el desarrollo del deporte escolar*. Federación Riojana de Fútbol. Universidad de la Rioja. Logroño. España.
- LAPRESA, D., ARANA, J., Y PONCE, A. (2002). *Orientaciones formativas para el entrenador del fútbol juvenil*. Federación Riojana de Fútbol. Universidad de la Rioja. Logroño. España.
- LASIERRA, G. y LAVEGA, P. (1993). 1015 juegos y formas jugadas de iniciación a los deportes de equipo. Barcelona: Paidotribo.
- LEALI, G. (1994). Fútbol Base. Entrenamiento ópitmo del futbolista en el período evolutivo. Barcelona: Martínez Roca.
- LEE, K. (2000). Childhood Cognitive Development. The essential readings. Oxford: Blackwell Publishers.
- LEÓN, Mª.J. y RODRÍGUEZ, Mª.J. (2005). Problemas relacionados con la cognición: Evaluación e intervención educativa. En S. Mata (Coord.) Bases Psicopedagógicas de la Educación Especial. Archidona (Málaga): Aljibe.
- LISTELLO, A., CLERC, P. CRENN, R. y SCHOEBEL, E. (1977). *Recreación y Educación Física deportiva*. Buenos Aires: Kapeluz.
- LÓPEZ, M.J. (2004). Análisis comparativo de dos metodologías en iniciación deportiva a través del diario del profesor. Efdeportes, revista digital. año 10. Nº 79. Buenos Aires. Argentina.
- LÓPEZ ROS, V. (2000). El comportamiento táctico individual en la iniciación a los deportes colectivos: aproximación teórica y metodológica. En Mª. A. NAHARRO y COLS. Actas del I Congreso Nacional de Deporte en Edad Escolar. Dos Hermanas, Sevilla. (425-434).
- LÓPEZ ROS, V. y CASTEJÓN, F.J. (1998). Técnica, táctica individual y táctica colectiva: implicación en el aprendizaje y la enseñanza deportiva I, II. Revista de Educación Física. Nº 68, pp 5-16.
- LÓPEZ ROS, V. y CASTEJÓN, F.J. (2005). La enseñanza integrada técnico-táctica de los deportes en edad escolar: explicación y bases de un modelo. Apunts: Educación física y deportes, 79. pp. 40-48.
- LÓPEZ, V. Y CASTEJÓN, F. (2005). La enseñanza integrada técnico-táctica de los deportes en edad escolar. Explicación y bases de un modelo. En Apunts de Educación Física y Deportes, nº 79. p. 40-48.
- LYON, R.M. (2001). *Prevent injueries in young soccer players*. Wisconsin: Journal of Medical college of Wisconsin.
- MAGEAU, G. A. y VALLERAND, R. J. (2003). The coach-athlete relationship: A motivational model. *Journal of Sports Sciences, 21*, 883-904.
- MAHLO, F. (1969). *La acción táctica en el juego*. La Habana: Vigot.
- MALINA, R. (2001). Youth football players: perspectives from growth and maturation. Insight- Issue 1, Volumen 5, 27-31.
- MARINA, J.A. (1993). *Teoría de la Inteligencia Creadora*. Barcelona: Anagrama.
- MARRERO, J. (1988). *Teorías implícitas del profesor sobre la planificación*. Tesis Doctoral. Universidad de la Laguna.
- MARTENS, R. (1987). *Coaches guide to sport psychology*. Champaign, IL: Human Kinetics.
- MARTENS, R. Y COLS. (1989). *El entrenador*. Barcelona: Hispano-Europea.
- MARTIN, D., NICOLAUS, J., OSTROWSKI, C., KLAUS, R. (2004). *Metodología general del entrenamiento infantil y juvenil*. Barcelona: Paidotribo.

- MARTÍN, R. y LAGO, C. (2005). Complejidad y rendimiento en los deportes sociomotores de equipo (DSEQ): dificultades de investigación. Efdeportes, revista digital. año 10. Nº 90. Buenos Aires. Argentina.
- MARTÍNEZ CHAVEZ, H.F. (2001). Fútbol: caracterización de los modelos de enseñanza. Una oportunidad para el aprendizaje significativo. en Efdeportes, año 7, nº 36. Buenos Aires. Argentina.
- MÁS, J. (2003) Análisis descriptivo del microsistema colaboración-oposición de los jugaores próximos al balón en fútbol a través de un estudio observacional de la circulación del balón en alto nivel: posibles incidencias sobre la táctica y la estrategia del juego. Tesis Doctoral. Univesidad de Granada.
- MASLACH, C. Y JACKSON, S.E. (1981). *The measurement of experienced burnout.* Journal of Occupational Bahaviour, 2, 99-113.
- MASLACH, C. Y JACKSON, S.E. (1996). *Maslach burnout inventory manual.* Palo Alto: CA, Consulting Psycholigist Press.
- MENAUT, A. (1982). Contribution a una approche theorique des jeux sportifs collectifs. Bordeaux : Université de Bordeaux.
- MÉNDEZ GIMÉNEZ, A. (1999). *Modelos de enseñanza deportiva. Análisis de dos décadas de investigación.* Efdeportes, revista digital. año 4. Nº 13. Buenos Aires. Argentina.
- MÉNDEZ GIMÉNEZ, A. (2003). Nuevas propuestas lúdicas para el desarrollo curricular de Educación Física. Juegos con material alternativo, juegos predeportivos y juegos multiculturales. Paidotribo: Barcelona.
- MÉNDEZ GIMÉNEZ, A. (2005). Técnicas de enseñanza en iniciación al baloncesto. INDE: Barcelona.
- MERAND, R. (1976). *L´éducateur face à la haute performance.* París: Sport et Plein air.
- MITCHELL, S., GRIFFIN, L. y OSLIN, J. (1995). *An analysis of two instructional approaches to teaching invasion games.* Research quarterly for exercise and sport, A-64.
- MOMBAERTS, E. (1996). Entraînament et performance collective en football. París: Vigot.
- MOMBAERTS, E. (1998). *Fútbol. Entrenamiento y Rendimiento colectivo.* Barcelona: Hispano-Europea.
- MOMBAERTS, E. (2000). Fútbol. Del análisis del juego a la formación del jugador. Barcelona: INDE.
- MOORE, P.M., BURWITZ,L., COLLINS, D.J., JESS, M. (1998). *The development of sporting talent.* London: English Sports Council.
- MORALES, A. y GUZMÁN, M. (2000). *Diccionario temático de los deportes.* Arguval, Málaga.
- MORCILLO, J.A. (2003). *"El desarrollo profesional del entrenador de fútbol-base basado en el trabajo colaborativo en un club amateur".* Tesis Doctoral. Departamento de Didáctica de la Expresión Musical, Plástica y Corporal. Universidad de Granada.
- MORCILLO, J.A Y MORENO, R. (2000). Fundamentos teórico-prácticos para la creación de situaciones de enseñanza-entrenamiento en fútbol. en Efdeportes, año 5, nº 21. Buenos Aires. Argentina.
- MORCILLO, J.A. y MORENO, R. (2001). Jugar a comprender : reflexiones sobre la enseñanza de los deportes colectivos. En E. RIVERA, L. RUIZ y Mª.M. ORTIZ. Actas de las V Jornadas de Intercambio de experiencias docentes en Educación Física. Granada : AMEF, CEFIRE, FEADEF.

- MORENO ARROYO, M. P. (2001). Análisis y optimización de la conducta verbal del entrenador de voleibol durante la dirección de equipo en competición. Tesis Doctoral. Universidad de Extremadura.
- MORRIS, T. (2000). Psychological characteristics and talent identification in soccer. Journal of Sport Sciences, 18:715-726.
- NICHOLLS, J.G. (1989). *The competitive ethos and democratic education.* Cambridge: Harvard University Press.
- NOVACK, J.O. (1988). *Constructivismo humano: un proceso emergente.* Revista Enseñanza de las Ciencias. 6, vol.3.
- OMMUNDSEN, Y. Y COLS. (2003)."Perceived motivacional climate en male youth soccer: relations to social-moral functioning, sportspersonship and team perceptions". Psychology of sport and exercise. Volumen 4 – Número 3. Octubre del 2003. (p. 397-413).
- OÑA, A. (1994). Comportamiento motor. Bases psicológicas del movimiento humano. Granada: Universidad de Granada.
- PACHECO, R. (2004) La enseñanza y el entrenamiento del fútbol 7. Un juego de iniciación al fútbol 11. Barcelona: Paidotribo.
- PARLEBAS, P. (1977). Les universaux du jeu sportif collectif: la moodélisation dlu jeu sportif. E.P.S. 143, 56-61.
- PARLEBAS, P. (1981). Contribution à un lexique commenté en science de l'action motrice. INSEP. París.
- PARLEBAS, P. (1988). *Elementos de Sociología del Deporte.* Unisport. Málaga. España.
- PÉREZ TURPIN, J.A. (2002). La competición en el ámbito escolar: un programa de intervención social. Tesis Doctoral. Universidad de Alicante.
- PIAGET, J. (1969). Psicología y Pedagogía. Los métodos nuevos: sus bases psicológicas. Barcelona: Ariel.
- PIERON, M. (1999). Para una enseñanza eficaz de las actividades físico-deportivas. Barcelona: INDE.
- PINO, J. (1999). Desarrollo y aplicación de una metodología observacional para el análisis de los medios técnico-tácticos del juego en fútbol. Tesis Doctoral. Universidad de Extremadura.
- PINO, J. Y CIMARRO, J. (2001). Propuesta de estructuración de los contenidos técnico-tácticos de la enseñanza del fútbol en la etapa alevín. Efdeportes, revista digital. año 6. Nº 33. Buenos Aires. Argentina.
- PINO, J. Y COLS. (2001). *La formación conceptual del deportista en los deportes de equipo en la fase de iniciación.* Efdeportes, revista digital. año 7. Nº 41. Buenos Aires. Argentina.
- PINTOR, D. (1988). *Principios de elaboración, desarrollo y ejecución de los sistemas de juego en la fase de ataque.* III Curso de Entrenadores de Baloncesto. Toledo: Escuela Nacional de Entrenadores. Federación Española de Baloncesto.
- PUJALS, C; Y VIEIRA, L.F. (2002). *"Análise dos fatores psicológicos que interferen no comportamento dos atletas de futebol de campo".* Revista da Educaçao Física/UEM. Volumen 13 – Número 1. Universidad Estadual de Maringá.
- RAYA, A., FRADUA, L. y PINO, J. (1993). *Consideraciones en torno a la enseñanza y aprendizaje de los deportes de equipo.* Perspectivas de la Actividad Física y el Deporte, 12.
- REAL ACADEMIA ESPAÑOLA DE LA LENGUA (2001). *Diccionario de la Real Academia Española de la Lengua.* (XXXII Edición). Madrid: Espasa Calpe.

- REAL DECRETO 1006/91, DE 14 DE JUNIO, *por el que se establecen las enseñanzas mínimas correspondientes a la Educación Primaria.* B.O.E. 152/91 de 26 de Junio de 1991. Madrid: M.E.C.
- REAL DECRETO 1913/1997, de 19 de Diciembre, por el que se configuran como enseñanzas de régimen las conducentes a la obtención de titulaciones de técnicos deportivos, se aprueban las directrices generales de los títulos y de las correspondientes enseñanzas mínimas. B.O.E. 20/98 de 23 de Enero de 1998. Madrid: M.E.C.
- REAL DECRETO 320/2000, de 3 de Marzo, por el que se establecen los títulos de técnico deportivo y técnico deportivo superior en las especialidades de fútbol y fútbol sala, se aprueban las correspondientes enseñanzas mínimas y se regulan las pruebas de acceso a estas enseñanzas. B.O.E. 76/2000 de 29 de Marzo de 2000. Madrid: M.E.C.
- REILLY, T., WILLIAMS, A.M., NEVILL, A., FRANKS, A. (2000). *A multidiscilpinary approach to talent in soccer.* Journal of Sports Science, 18:695-702.
- REZENDE, A. Y VALDÉS, H. (2003). Métodos de estudo das habilidades tácticas (1). Abordagem comparativa entre jogadores habilidosos e iniciantes –expert & novice-. Efdeportes, revista digital. año 9. Nº 65. Buenos Aires. Argentina.
- REZENDE, A. Y VALDÉS, H. (2004a). *Métodos de estudo das habilidades tácticas (2). Abordagem tomada de decisão.* Efdeportes, revista digital. año 10. Nº 69. Buenos Aires. Argentina.
- REZENDE, A. Y VALDÉS, H. (2004b). *Métodos de estudo das habilidades tácticas (3). Invetários das habilidades esportivas.* Efdeportes, revista digital. año 10. Nº 70. Buenos Aires. Argentina.
- RIEMER, H. A. y CHELLADURAI, P. (1995). Leadership and satisfaction in athletes. *Journal of Sport and Exercise Psychology, 17,* 276
- RIERA, J. (1989). Aprendizaje de la técnica y la táctica deportivas. Barcelona: INDE.
- ROBERTS, G.C. (2001). Understanding the dynamics of motivation in physical activity: the influence of achievement goals and motivational processes. En G.C. Roberts (Ed.). Advances in motivation in sport and exercise. Ed. Human Kinetics. Champaign. p. 1-50.
- ROBERTS, G.C., TREASURE, D.C. Y KAVUSSANU, M. (1997). *Motivation in physical activity contexts: an achievement goal perspective.* En M. Maehr y P. Pintrich (Eds.). *Advanced in motivation and achievement.* Vol.10. p.413-447. Jai Press. Greenwich.
- RODRIGUES, J. (1997). Os treinadores de sucesso. Estdo da influencia do objectivo dos treinos e do nivel de práctica dos atletas na actividade pedagógica do treinador de Voleibol. Lisboa: FMH
- ROGER, T. (1972). El entrenador. Novedades en Psicopedagogía. Madrid: INEF.
- ROMERO, C. (1995). Incidencia de un programa de formación inicial del maestro especialista en Educación Física en los niveles de reflexión y toma de decisiones sobre la práctica docente. Tesis Doctoral. Universidad de Granada.
- ROMERO, C. (1997). *Una perspectiva de iniciación al fútbol en la escuela.* En Training Fútbol nº 16. Valladolid. España. Pp. 28-38.
- ROMERO, C. (2000). *Hacia una concepción más integral del entrenamiento en fútbol.* Efdeportes, revista digital. año 5. Nº 19. Buenos Aires. Argentina.
- ROMERO, C. (2000). La negación del paradigma técnico y su alternativa interpretativa en la formación del profesorado de E.F. *Actas del XVIII Congreso Nacional de E.F. La formación inicial y permanente del profesor de E.F.* (vol. 1, pp. 47. (vol. 1, pp. 47-72). Ciudad Real: Ediciones de la Universidad de Castilla la Mancha.
- ROMERO, C. (2005). *Un modelo de entrenamiento en fútbol desde una visión didáctica.* Efdeportes, revista digital. año 10. Nº 80. Buenos Aires. Argentina.

- ROMERO, C. (2006). *Hacia una teoría científica en el entrenamiento y la competición de los deportes de equipo.* IX curso de actualización en Ciencias de la Actividad Física y el Deporte para postgraduados. Curso de Extensión Universitaria y libre configuración. Córdoba: Universidad de Córdoba – Inédito.
- ROMERO, C. y CEPERO, M. (2002). *El maestro especialista en Educación Física y su formación práctica.* Granada: Editorial Club Universitario.
- ROMERO, C. Y VEGAS, G. (2002). Teorías Implícitas de los entrenadores de las escuelas municipales de fútbol de Málaga en convenio con el CEDIFA. . En Naharro y cols. (2002). Actas del II Congreso Nacional de deporte en escolar. Ed. Patronato Deportivo de Dos Hermanas. Dos Hermanas. España. 473-485.
- RUIZ, J., GARCÍA, A. Y CASIMIRO, A. (coord.) (2001). La iniciación deportiva basada en los deportes colectivos. Nuevas tendencias metodológicas. Madrid: Gymnos.
- RUIZ PÉREZ, L.M. (1994). Deporte y Aprendizaje. Procesos de adquisición y desarrollo de habilidades. Madrid: Antonio Machado Libros.
- RUIZ PÉREZ, L.M, Y ARRUZA, J.A. (2005). El proceso de toma de decisions en el deporte. Clave de la eficiencia y el rendimiento deportivo. Barcelona: Paidós.
- RUIZ PÉREZ, L.M. Y COLS. (2001). *Desarrollo, comportamiento motor y deporte.* Madrid: Síntesis.
- RUIZ PÉREZ, L.M. Y SÁNCHEZ BAÑUELOS, F. (1997). Rendimiento Deportivo. Claves para la optimización de los aprendizajes. Madrid: Gymnos.
- RULENCE-PÂQUES, P., FRUCHART, E., DRU, V. y MULLET, E. (2005). *Decision-making in soccer game: a developmental perspective.* Revue européenne de psychologie appliqué, 55 – 131-136.
- SAENZ TASCHMAN, L. (2005). *The relationship between perfectionism and burnout in coaches.* Tesis Doctoal. Universidad del Estado de Florida. Estados Unidos.
- SALVADOR, F. (1999). Intervención didáctica en kas disfunciones de las habilidades cognitivas. En F. Salvador (Coord.) Didáctica de la Educación Especial. Aljibe: Archidona – Málaga. pp. 137-160.
- SAMPEDRO, J. (1999). Fundamentos de táctica deportiva. Análisis de la estrategia de los deportes. Madrid: Gymnos.
- SÁNCHEZ BAÑUELOS, F. (1992). "Didáctica de la Educación Física y el Deporte". Madrid: Gymnos.
- SÁNCHEZ BAÑUELOS, F. (2002). *"Didáctica de la Educación Física".* Colección Didáctica – Primaria. Madrid: Prentice Hall.
- SANS, A. y FRATTAROLA, C. (2000). *Entrenamiento en el fútbol base.* Barcelona: Paidotribo.
- SANS, A., FRATTAROLA, C. (2002). *Fútbol base: planificación por objetivos.* En Training Fútbol nº 71. p 26-44. Valladolid. España
- SANTOS, J.A., VICIANA, J. y DELGADO, M.A. (1996). *Voleibol.* Madrid: M.E.C.
- SAUSSURE, F. (1945). *Curso de lingüística general.* Buenos Aires: Losada.
- SCHMIDT, R.A. (1975). *A schema theory of discrete motor learning.* Psycholigical Review, 82, pp. 225
- SICILIA, A. Y DELGADO, M.A. (2002). *Educación Física y Estilos de Enseñanza.* Barcelona: INDE.
- SILVA, F., FERNANDES, L., CELANI, F.O. (2001). *Desporto de crianças e jovens. Um estudo sobre as idades de iniciação.* Revista Portuguesa de Ciências do Desporto. 2 (1). 45-55.
- SINGER, R.N. Y JANELLE, C.M. (1999). *Determining sports expertise: from genes to supremes.* International Journal of Sport Psychology, 30. p. 117-151.

- SOARES, F. y SANTANA, W.C. (2005). *Iniciaçao ao futsal: crianzas jogam para aprender ou aprendem para jogar?*. Efdeportes, revista digital. año 10. N° 85. Buenos Aires. Argentina.
- SOBRAL, F. (1994). Desporto infanto-juvenil; prontidão e talento. Lisboa: Livros Horizonte.
- STE-MARIE, D.M., CLARK, S.E. y LATIMER, A.E. (2002). Contributions of attention and retention processes in observational learning of a motor skill by children. Journal of Human Movement Studies, 42: 317-333.
- STERNBERG, R.J. (1985). *Beyonf IQ: A triarchic Theory of Intelligence*. Cambridge: Cambridge University Press.
- STRATTON, G. (2001). *A Knowledge based structure for coaching: the bigger picture..* Insight, The FA Coaches Association Journal. 4(4), 44.
- STRATTON, G. (2002). A Knowledge based structure for coaching young football players: the "IKEA" principles. Insight, The FA Coaches Association Journal. 1(5), 44.
- STRATTON, G. (2002b). A Knowledge based structure for coaching young football players: steps to acquiring expert knowledge. Insight, The FA Coaches Association Journal. 2(5), 37.
- TAVARES, F. (1993). A capacidade de decisâo táctica no jogador de basquetebol. Tese de Doutoramento. FCDEF
- TEISSIE, J. (1971). Méthode sportive. E.P.S. n° 111.
- TEODORESCU, L. (1977). Theorie et methodologie des jeux sportifs collectis. París : E.F.R.
- TEODORESCU, L. (1983). Contributions au concept de jeu sportif collectif, en VVAA Teaching Team Sports. Pp. 19-38. Roma: AIESEP
- THE FOOTBALL ASSOCIATION (2001). Child protection procedures and practice handbook. www.thefa.com.
- THE FOOTBALL ASSOCIATION (2001).*The F.A. child protection policy*. www.thefa.com.
- THOMAS, K.T. y THOMAS, J.R. (1994). *Developing expertise in sport: the relation of knowledge and performance*. International Journal of Sport Psychology, 25. 295-312.
- THORPE, R., BUNKER, D. y ALMOND, L. (1986a). *Rethinking games teaching*. Loughborough. Reino Unido: University of technology. Departament of Physical Education and Sport Science.
- THORPE, R., BUNKER, D. y ALMOND, L. (1986b). A Change in foces for th teaching games. En M. Piéron y K.C. Graham. The 1984 Olimpic Scientific Congress Proccedings. Volume 6. Sport Pedagogy. Champaign, IL.: Human Kinetics.
- *TORRES, J. (2002). La Educación en valores en el deporte en edad escolar desde la perspectiva municipal. En Naharro y cols. (2002). Actas del II Congreso Nacional de deporte en edad escolar. Ed. Patronato Deportivo de Dos Hermanas. Dos Hermanas. España. 19-54.*
- TORRES, J. Y RIVERA, E. (1994). Juegos y deportes alternativos y adaptados en Educación Primaria. Granada: Rosillo´s.
- TULVIN, E. (1979). *Memory research: What kind of progress?*. En L.G. Nilson (Ed.), *Perspectives in memory research*. Hillsdale (Estados Unidos): Erlbaum.
- TURNER, A.P. y MARTINEK, T.J. (1992). A comparative analysis of two models for teachings games (technique approach and game centred (tactical focus) approach). International Journal of Physical Education, 29 (4), 15-31.
- U.E.F.A. (2004).UEFA Grassroots Football Newsletter, n° 1.
- UEFA (2003). *The Technician*, n° 22. UEFA.
- UEFA (2005). Boletín oficial de la UEFA. UEFA.

- UEFA (2005). *The Technician,* nº 27. UEFA.
- USERO, F. y RUBIO, A. (1993). *Juega al rugby.* Madrid: Escuela Nacional de Entrenadores de la Federación Española de Rugby y Consejo Superior de Deportes.
- USERO, F. y RUBIO, A. (1996). *Rugby.* Madrid: M.E.C.
- VALLE, A., GONZÁLEZ, R., BARCA, A. y NUÑEZ, J.C. (1996). *Una perspectiva cogniscitivo-motivacional sobre el aprendizaje escolar.* Revista de Educación, 311. 159-182.
- VANLEHN, K. (1996). *Cognitive Skill acquisition.* Annual Review of Psycology, 47. pp. 513-539.
- VIGOTSKY, L. (1978). El desarrollo de los procesos psicológicos superiores. Barcelona: Crítica.
- VV.AA. (1992). Diccionario Enciclopédico Santillana. Madrid: Santillana.
- WARD, P. y WILLIAMS, A.M. (2000). *The development of perceptual-expertise in academy football players.* Insight, The F.A. Coaches Association Journal, 3 (4), 22-25.
- WEIBERG, R.S. y GOULD, D. (2001). *Fundamentos da Psicologia do esporte e do exercício.* Porto Alegre: Artmed.
- WEIN, H. (1995). *Fútbol a la medida del nieño.* Madrid: CEDIF.
- WEINECK, J. (1983) *Manuel d´entrainement.* Vigot: París.
- WEINECK, J. (1994). Fútbol total. El entrenamiento físico del deportista. Vol. II. Barcelona: Paidotribo.
- WEINECK, J. (2005). *Entrenamiento total.* Barcelona: Paidotribo.
- WILLIAMS, A.M. (2000). Perceptual skill in soccer: implications for talent identification and development. Journal of Sport Sciences, 18:737-750.
- WILLIMAS, A.M. y HODGES, N.J. (2005). *Practice, instruction and skill acquisition in soccer: challenging tradition.* Journal of Sports Sciences, 6, vol. 23:637-650.
- YAGÜE, J. M. (1998). El trabajo colaborativo como estrategia de formación permanente del entrenador de fútbol. Tesis doctoral. Valladolid.

www.ingramcontent.com/pod-product-compliance
Lightning Source LLC
Chambersburg PA
CBHW081132170426
43197CB00017B/2830